克难制胜

——关于解决执行难的思考与探索

江必新　著

人 民 法 院 出 版 社

图书在版编目（CIP）数据

克难制胜——关于解决执行难的思考与探索 / 江必新著 . -- 北京 : 人民法院出版社 , 2018.11

ISBN 978-7-5109-2308-1

Ⅰ . ①克… Ⅱ . ①江… Ⅲ . ①法院—执行（法律）—研究—中国 Ⅳ . ① D926.2

中国版本图书馆 CIP 数据核字（2018）第 245098 号

克难制胜——关于解决执行难的思考与探索

江必新 著

责任编辑：林志农
执行编辑：吴朔桦
出版发行：人民法院出版社
地　　址：北京市东城区东交民巷 27 号（100745）
电　　话：（010）67550629（责任编辑） 67550558（发行部查询）
65223677（读者服务部）
客服 QQ：2092078039
网　　址：http：//www.courtbook.com.cn
E-mail：courtpress@sohu.com
印　　刷：三河市国英印务有限公司
经　　销：新华书店

开　　本：787×1092 毫米 1/16
字　　数：125 千字
印　　张：12.5
版　　次：2018 年 11 月第 1 版 2018 年 11 月第 1 次印刷
书　　号：ISBN 978-7-5109-2308-1
定　　价：56.00 元

目录

CONTENTS

前　言　/001

绪　论　/003

第一章　坚持问题导向推进执行难的解决　010

一、破解“人财难找”的机制　/010

二、破解“阻挠难排”的机制　/018

三、破解“财寡难分”的机制　/021

四、破解“人案难管”的机制　/025

第二章　以系统思维谋划解决执行难　029

一、以联动机制为基础，构建解决执行难的大格局　/030

二、以标本兼治为路径，谋划解决执行难的治本之策　/031

三、以规范执行行为为重点，着力解决执行失范、违规问题 /033
四、以“一打三反”为突破口，坚决整治规避、妨碍执行现象 /034
五、以改革创新为动力，促进执行工作优质高效 /036
六、以信息化建设为抓手，提高执行工作现代化水平 /038
七、以队伍建设为保障，抓好解决执行难的关键因素 /039

第三章 以治理思维推进解决执行难 042

一、依法治理 /042
二、综合治理 /046
三、系统治理 /049
四、源头治理 /051
五、协同治理 /053
六、专项治理 /056

第四章　以辩证思维统筹解决执行难　060

一、统筹治标和治本的关系　/060
二、统筹惩戒与预防的关系　/062
三、统筹务虚与务实的关系　/064
四、统筹信息化建设与队伍建设的关系　/069
五、统筹发扬传统和改革创新的关系　/071
六、统筹反面激励和正面激励的关系　/072

第五章　坚持改革创新推进解决执行难　076

一、执行改革创新要以制度建设为根本　/076
二、执行改革创新要正确处理几个方面的关系　/081
三、执行改革创新要注重执行思路的优化调整　/094

第六章　坚持攻坚克难推进解决执行难　105

一、直面执行攻坚推进的现实任务　/106
二、明确执行攻坚推进的具体要求　/110
三、强化执行攻坚的各项保障　/117

第七章　强化内部治理推进解决执行难　121

一、全面提升治理执行难的整体能力　/122
二、切实保证执行行为的规范化　/125
三、努力实现执行工作与时俱进　/132
四、大力营造执行工作良好氛围　/135

第八章　强化外部治理推进解决执行难　140

一、反消极规避　/141
二、反暴力抗法　/152
三、反非法干预　/158
四、反消极协助　/162
五、反非法侵占　/167

第九章　强化实效保障推进解决执行难　172

一、以执行实效诠释忠诚和担当　/173
二、以务实客观的评价标准展示实效　/175
三、以扎实管用的举措创造实效　/178

前言

人民法院执行工作是法治体系的重要组成部分，是国家治理体系的重要环节，指导理念、制度建构、措施机制是否科学合理，攸关执行工作效能，攸关当事人胜诉权益，攸关司法公信和司法权威，攸关法律的权威和国家与社会治理之成效。

司法是维护社会公平正义的最后一道防线，执行环节是整个司法程序的最后一道关口，执行难则是实现公平正义的最后一道藩篱。在2016年十二届全国人大四次会议上，周强院长代表最高人民法院作出向执行难全面宣战，用两到三年时间基本解决执行难问题的庄严承诺。在党中央的正确领导下，在最高人民法院党组的直接指挥下，经过各级法院尤其是执行队伍的艰苦努力，人民法院执行工作取得了长足进步。党的十九大指引中国特色社会主义事业迈进新时代、开启新征程。在新的历史时期，党和人民对执行工作的期待更高，对人民法院提出了新要求、新课题；新时代，赋予了人民法院更加艰巨的历史使命，呼唤新的历史担当，要求人民法院不断创造新的执行业绩，交出新的工作答卷。在新的历史起点上，人民法院执行工作面临着难得的机遇，但困难和挑战也比以往任何时候都更加严峻复杂。要坚持问题导向和系统思维、辩证思维、治理思维，既不断总结执行经验，也持续推进改革创新；既向内深度挖潜，也向外广推联动。通过深入探究信息化条件下执行工作的规律和特点，与时俱进更新执行理念、持续推进执行制度科学化建构、不断优化创新执行机制，实现执行工作的持续健康发展，以实实在在的执行成效落实“用两到三年时间基本解决执行难问题”的庄严承诺，为完善和发展中国特色社会主义制度，推进国家治理体系和治理能力现代化作出新的更大贡献。

笔者作为一名解决执行难攻坚战的参与者，深深体会到“用两到三年时间基本解决执行难问题”绝不仅仅是一场又一场的清理积案活动，而是如何在两到三年以后恒久解决执行难问题；不仅仅是用两到三年消灭现有的执行积案，而且要保证两到三年后每一年不再有执行积案发生；不仅仅是人民法院自身竭尽全力解决执行难，而且要取得全社会对人民法院解决执行难的认同和支持。因此，笔者围绕执行难点难题，主张运用问题导向思维、系统思维、治理思维、辩证思维统筹谋划执行难的治理方略，主张内外协作、上下协同、审执兼顾汇聚治理合力，主张长效机制建设与专项行动同向发力全面推进基本解决执行难。这些内容既是作者对过往执行工作的心得与感悟，同时也是对新时期执行工作的一些展望和期盼。

执行工作是一项创新性极强的工作，随着形势的发展、实践的深化，将会有更多的经验和理论问世，但愿本书能成为基本乃至彻底解决执行难道路上的一块引玉之砖、一级登高之阶、一块筑路之石。野人献曝，敝帚自珍，浅见谬误在所难免，恳请读者批评指正。

绪论

理清执行工作的基本思路，找准执行工作的发展定位，理应对要攻克的难题和重点有清醒的认识和准确的把握。执行难问题长期存在，多年来人民法院一直致力于解决执行难，取得了一定进展。对于最高人民法院提出的“用两到三年时间基本解决执行难问题”，社会上有不同认识，归纳起来有三种态度：一是持肯定态度，认为这是必须、必要、可行的；二是持否定态度，认为多年来的顽疾，岂能一朝而愈；三是持观望态度，认为无可无不可。可见，正确认识基本解决执行难是解决执行难的前提和基础。

（一）基本解决执行难是人心所向、大势所趋

基本解决执行难是人民群众的热切期盼，是党中央的期待厚

望，是人民法院的使命责任。

第一，基本解决执行难，是人民群众的热切期盼。执行难问题长期存在，人民群众反映强烈，人大代表和政协委员们高度关切，解决执行难多年来一直是两会的热点议题。第十二届全国人民代表大会第四次会议上，最高人民法院周强院长作出庄严承诺时，代表们自发鼓掌，热烈而持久，再次证明了这一点。

第二，基本解决执行难，是党中央的希望和要求。长期以来，党中央对解决执行难问题一直高度重视，从 1999 年开始，党中央和中央政法委相继下发文件专门部署解决执行难这一人民法院的具体工作，重视程度之高实属罕见，充分体现了党中央对解决执行难的深切厚望。

第三，基本解决执行难，是人民法院及执行干警的使命和责任。长期以来，执行难问题始终未能得到有效解决，有观点甚至据此认为解决执行难的根本办法就是将执行权从人民法院分离。应当看到，将执行权从人民法院分离，从法院来说固然可以不再受“执行难”之累，但“执行难”并不因此而得到解决，反而有可能导致更加难于执行。人民法院应当本着敢于担当的精神，切实对党和人民负责，对宪法法律负责，通过艰苦奋斗努力尽早“摘掉帽子”。

（二）基本解决执行难是依法治国的应有之义

党的十八届三中全会提出了法治中国建设的宏伟目标，十八届四中全会提出，全面推进依法治国的总目标是建设中国特色社会主义法治体系，建设社会主义法治国家，具体目标包括“切实解决执行难”，依法保证胜诉当事人及时实现权益。如果胜诉判决不能得到执行，胜诉当事人的权益不能得到兑现，司法公信必将受损，法律的权威必将受损，依法治国和法治中国建设必将受挫。因此，尽快解决执行难是全面推进依法治国，建设法治中国的题中应有之义。

（三）基本解决执行难具备丰富厚实的实践积累

近年来，人民法院牢固树立和贯彻落实创新发展理念，在执行工作的方式方法和机制等方面，进行了积极探索，积累了丰富经验，为基本解决执行难奠定了坚实基础。

一是工作模式变“单打”为联动。大致来看，2010 年之前，人民法院的执行工作主要依靠自身力量，单打独斗，势单力薄。2010 年，随着《关于建立和完善执行联动机制若干问题的意见》的出台和落实，执行联动机制的工作思路不断清晰。经过几年的发展，逐步形成了协调全社会力量共同解决执行难的良好局面，为基本解决执行难凝聚了强大力量和社会共识。

二是财产查控变简单为多元。在财产查控方面，已经由原来的申请执行人提供财产线索为主、法院依职权开展有限查找为辅的简单模式，发展为以依靠网络执行查控系统针对全国范围内被执行人主要财产进行查控、申请执行人提供线索、被执行人主动申报、司法审计、悬赏举报等多种手段共同发力的多元化查找机制。

三是查找被执行人变被动为主动。在被执行人查找方面，由原来的依靠申请执行人提供线索、法院执行干警伺机“堵门”等手段为主的被动模式，发展为依靠联合信用惩戒、限制高消费、限制出入境等方式，促使被执行人主动现身乃至主动履行的主动态势。

四是社会舆论变质疑为支持。过去，人民法院一旦创新执行工作方式，加大执行力度，就容易遭受社会舆论的质疑和非议，被误认为乱执行、违法执行。近年来，随着执行工作规范化建设的不断推进和法治宣传工作的持续发力，人民群众和舆论媒体对执行工作开展的创新措施、专项活动等举措，多能予以理解和支持，基本解决执行难的外部环境有了显著改善。

五是工作手段变人工为智能。传统执行工作模式主要以人工手动为主，费时费力，工作效率低下。近年来，执行工作信息化、智能化建设取得令人瞩目的成就，大大节约了人力、时间等执行成本，提升了执行效能。随着信息化建设的持续推进，必将显著提高执行效率，有效缓解“案多人少”矛盾，促进执行模式的深刻变革。六是执行队伍变弱小为强大。做好执行工作，人的因素第一。近年来，有大量高学历的新生力量和有经验的审判人员进入执行队伍，执行队伍一改最初的量小质弱，逐步壮大发展，成为一支兵精将强、能打硬仗的队伍，为基本解决执行难提供了人力保障。

（四）基本解决执行难已经具备了一定条件

经过多年的积极探索和不断创新，人民法院基本找到了一套解决执行难的应对办法。解决执行难已经具备了一定的条件。

第一，关于被执行人难找的问题。通过限制出境、限制乘坐飞机高铁等联合惩戒措施，通过公安机关适用科技手段查获拒执犯罪嫌疑人，从而使失信被执行人无处藏身，越来越多的被执行人主动找法院要求履行义务，被执行人难找的问题将不难解决。

第二，关于执行财产难寻的问题。通过进一步完善网络执行查控体系，建立被执行人财产申报与审计、悬赏举报等线下财产查找制度，推进全社会建立严密的征信系统，建立对拒不履行义务的被执行人强制清算制度，加重对被执行人拒不申报或虚假申报的制裁，执行财产难寻问题将逐步得到解决。

第三，关于财产变现难的问题。随着网络执行查控体系的建立和逐步完善，法院查找财产能力大幅提升，执行财产难寻问题得以缓解，而财产变现难问题逐步显现，随着经济下行压力增大，这个问题将进一步恶化。人民法院通过不断创新执行方式，改进和完善现有的评估、拍卖、变卖制度，优先选择网络公开拍卖，降低执行成本，提高财产变现效率，改进和完善委托执行制度，提高异地财产处置成功率，变现难问题将会得到有效缓解。

第四，关于抗干扰问题。随着保障人民法院依法独立公正审判执行的相关配套制度的进一步完善，随着司法改革和执行体制改革的有序推进，人财物省级统一管理、执行工作统一管理和跨区域管辖制度的健全，随着执行公开的进一步深化，公开化网络监督的不断加强，对执行工作的非法干预现象必将逐步减少。

第五，关于人案难管的问题。随着信息化建设和智慧法院建设的进一步深化，人民法院管人、管案的水平将不断提高，人案难管的问题也将会得到解决。执行工作面临的困难和障碍，客观存在，不容回避，但是办法总比困难多。要敢于直面困难，迎难而上，树立信心，坚定信念，在各级党委的高度重视和坚强领导下，在人大的依法监督、政府的大力支持和社会各界的鼎力帮助下，上述困难和问题完全可以得到解决。

（五）基本解决执行难是执行工作发展的重大机遇

最高人民法院作出向执行难全面宣战的庄严承诺，既给人民法院执行工作带来巨大压力，也给人民法院执行工作的长足、快速发展带来重大机遇。

第一，执行工作可以进一步争取各方面的重视和支持。44 家单位联合签署的《关于对失信被执行人实施联合惩戒的合作备忘录》，进一步明确了各单位的职责和义务，扩大了惩戒范围，加大了惩戒力度。

第二，执行工作将会得到各级法院党组和领导的重视和支持。为切实推进基本解决执行难工作，最高人民法院党组多次进行专题研究，召开全国电视电话动员部署会，要求各级法院将该项工作作为一把手工程，作为当前及今后一段时期人民法院的工作重点，并在当年全国高级法院院长会议上专题研究解决执行难问题。全国四级法院院长都对执行工作给予了高度重视，这必将有力促进执行工作的快速发展。

第三，解决执行难的过程将是推进执行体制和机制改革的过程。党的十八届四中全会提出要推动执行权和审判权相分离的体制改革试点，但关于执行权究竟继续由法院行使还是彻底剥离法院，社会上一直有不同意见和声音。最高人民法院作出基本解决执行难的庄严承诺后，全社会感受到了人民法院的信心和决心，支持人民法院继续行使执行权将逐渐成为共识。要推进改革，还需要加强执行警务保障、增加执行力量、更新执行装备、加强职业保障等等，这些问题也将会在基本解决执行难的过程中逐步得到解决。

第一章 坚持问题导向推进执行难的解决

在新的历史时期推进执行工作，就要针对执行工作的突出问题，对症下药、综合施策。执行难的表现形式虽然在不同历史阶段有所差异，但“人财难找”“阻挠难排”“财寡难分”“人案难管”等“四难”却始终是当事人和人民法院感受最深，影响执行效果最巨，制约执行难解决因素中最顽固的突出问题。解决好这“四难”，就抓住了基本乃至根本解决执行难的关键和要害。

一、破解“人财难找”的机制

执行工作有口头禅云：执行难，千难万难，查人找物是首难。找不到被执行人，执行通知书、财产报告令、查冻扣裁定等执行文书就无法及时有效送达。需要向被执行人了解的情况就难以查清，传唤、拘传等执行措施将无用武之地，拘留等制裁措施也无法落实。而能否找到被执行人的责任财产更是决定执行到位程度和执行效果的关键因素：一方面，金钱债权执行案件中，执行法院是否足额控制了被执行人的财产直接决定了当事人的权利能否实现；另一方面，由于特定物交付案件亦可转化为金钱债权执行案件，行为执行等案件往往需要采用间接执行、替代执行等手段，被执行人的财产对这些案件能否获得执行同样重要。无法找到责任财产，就意味着胜诉债权无法实现，执行目的必定落空。

执行实践表明，导致“人财难找”的原因是多方面的，其中既有自然因素、社会因素、文化因素、历史因素，也有人民法院自身执行力量薄弱，查控技术手段不足等多种原因。

一是当今社会人口流动和“人户”分离加快。执行案件中，绝大多数是以人民法院判决书和调解书为执行依据的案件。根据法律规定，这些案件应由第一审人民法院或第一审人民法院同级的被执行的财产所在地人民法院管辖。由于向被执行的财产所在地人民法院申请执行需要在立案时提供被执行的财产线索，绝大多数申请执行人会选择向第一审人民法院申请执行。随着人口流动加快，尤其在农村，相当多的被执行人在外地务工，有的甚至多年杳无音信，第一审人民法院所在地时常与被执行人户籍地、住所地、工作地不一致，部分案件中两地甚至相隔千里。“登门临柜”的方式查人找物，成本高、效率低，难以满足执行办案的实际需求。

二是农村地区仍然存在乡邻“相互为隐”习俗。在被执行人仍然居住于农村地区的案件中，由于熟人社会的样态依然存在，即便人民法院实地查访，乡中亲邻基于情感、面子甚至害怕结怨等考虑，也往往不配合执行，不愿意告知被执行人的去向，甚至提前向被执行人通风报信。

三是财产信息分散，难以采集汇总。随着财产形式的日趋多样化，被执行人的财产包括土地、房产、车辆、机器设备、特殊动产、现金、银行存款、有价证券、知识产权、债权等多种形式。在人工查控模式下，执行人员要穷尽全部财产调查手段，至少要跑遍国土、住建、车管、工商、知识产权等登记机构以及本地多家银行。“白天一身灰、雨天两腿泥”即是执行过程的形象比喻。

四是隐匿、转移财产认定难。据统计，70% 以上执行案件的被执行人存在拖延、逃避、规避甚至暴力抗拒执行的行为，自动履行率占比约 30%。但由于难以寻找、固定规避执行证据，加之执行人员“多一事不如少一事”等主观原因，现实中对被执行人隐匿、转移财产的行为，惩戒力度明显不足，即便是在缓和拒执罪法定要件和拓宽追诉途径后，追究拒执刑事责任比例仍然不高。极低的逃债成本和惩戒风险，催生了大量的隐匿、转移财产行为。

五是财产保全门槛高，不利于执行风险的预先控制。财产保全是一项重要的具有防止债务人转移财产功能的诉讼制度，但实践中，由于诉前保全担保门槛较高、用担保代替保全要件审查倾向等原因，本可通过财产保全预先控制的被执行人财产，终因申请人无法提供法院要求的足额担保而未能实现。

六是核实财产惩戒程序缺失，财产报告制度实效未显。人民法院向被执行人发出报告财产令，督促其主动报告财产状况，是重要的财产调查方式。但实践中，由于对被执行人的报告缺乏及时有效的核实机制，对不报告、虚假报告行为的惩戒落实少，财产报告制度在实践中往往流于形式。

七是社会力量动员不足，信用惩戒体系尚不健全。根治执行难需要社会各界的理解和支持，信用惩戒体系的建设也有赖联动部门的全力配合。长期以来，一方面，因为部分法院在执行工作中对宣传、联动机制的认识不够；另一方面，有的联动部门怠于协助甚至与被执行人串通，未能形成根治执行难的社会合力。

八是法院日益面临“案多人少”的严峻形势。近年来，一线审判执行力量工作任务日趋繁重已是不争事实,加之长期以来“重审轻执”惯性思维的影响，执行一线办案力量不足的情况更为突出。据了解，北京、上海、深圳等一线城市执行部门人均年办案量已超过 600 件,有的甚至已经达到 2000 件。案件量激增的情势，客观上分散了执行人员的精力，能够平均用于每一起案件的办理时间非常有限，客观上难以穷尽财产调查措施。

要针对导致人财难找的多种原因，综合施策，才能切实破解这一难题，为根治执行难奠定基础。

第一，多措并举，严防财产转移。要通过债权保全、变更追加被执行人等制度，依法维护债权人合法权益，严厉惩戒被执行人规避执行、转移财产的行为。具体而言：一要及时对执行阶段发现的财产采取查封、扣押、冻结等控制性措施；二要健全规避行为撤销机制，进一步拓宽撤销权诉讼的适用范围，探索有利于申请执行人及时行使撤销权的途径和方式，对被执行人在执行阶段的恶意处分行为，允许申请人主张撤销权；三要严格审查向第三人转移、转让财产行为，对第三人无偿或明显低成本接受被执行人的财产，符合变更、追加被执行人条件的，依法追加第三人为被执行人；四要坚决打击案外人与被执行人恶意串通，甚至通过虚假诉讼取得生效法律文书将已被查封、扣押、冻结的财产确权或者分割给案外人，或与被执行人虚构事实取得人民法院生效裁判文书申请参与分配等行为；五要严厉惩治被执行人转移财产规避执行的行为，通过依法适用罚款、拘留、限制出境、限制高消费、纳入失信被执行人名单和追究刑责等强制手段，对被执行人形成警示，有效促使被执行人履行义务；通过从民事、经济、行政甚至刑事等多层面构筑规避执行的惩戒机制，在可控范围内注重发挥刑罚手段的功能，对符合法定要件的规避者依法适用拒不执行判决裁定罪、非法处置查封扣押冻结财产罪、虚假破产罪等追究刑事责任，完善反规避活动的监督制约机制。

第二，降低保全门槛，实现及时保全。要落实保全司法解释和规范性意见的规定，着力解决保全门槛过高等问题，充分发挥财产保全制度对于责任财产流失的预防功能：一要加大对权利人执行风险的告知和提示，督促权利人积极申请诉前保全、诉讼保全及执行前保全；二要总结试点法院将网络执行查控系统前移至立案和审判阶段的创新经验，既要允许法院利用网络执行查控系统查询被保全人的财产，也要保护被保全人的财产隐私，避免财产保全制度被不当滥用；三要积极探索创新财产保全担保方式，引进诉讼保全责任保险机制，发挥保险担保具有的费率较低、手续简便的优势，提高申请保全的比率；四要降低财产保全担保门槛，对诉讼财产保全明确担保上限，并且要在法律框架内适当放宽追索抚养费、赡养费等弱势群体申请保全的担保要求。

第三，重视财产报告，形成警示效应。要准确适用、善于运用财产调查和拒执司法解释，充分考虑已将违反财产报告的行为作为限制高消费、列入失信名单的法定情形，列为拒执犯罪的情节事由之一的制度背景，持续强化财产报告制度的法律效力：一方面，要对违反财产报告的行为，进一步加大拘留、罚款甚至追究刑事责任等强制手段的适用；另一方面，也要强化对被执行人财产报告结果的核实，切实发挥财产报告制度的功效。

第四，提升执行信息化水平，扩大网络查控范围。近年来，人民法院执行信息化建设实现了执行模式的革命性变革，网络执行查控系统改变了传统“登门临柜”式的财产查找模式，查人找物的瓶颈制约得到缓解。在既有成绩基础上，要不断扩大查控范围，建成覆盖全国所有区域及土地、房产、存款、各类金融理财产品、证券、股权、车辆等主要财产形式的查控系统；要提高查控系统使用比例，实现全国四级法院互联互通、全面应用；要不断拓展查控功能，加快开通网络冻结、扣划功能的进度，实现查冻扣功能一体化；要不断增强便捷性，将单项查询升级改造为一键式的分步查询，不断提高操作的网络化、自动化水平。

第五，试行财产查询令，推广公告悬赏制。要针对被执行人报告财产、申请执行人提供线索、法院依职权调查三种常规财产调查手段的不足，充分发挥财产查询令和公告悬赏的功能。财产查询令制度有利于节省有限的司法资源，有利于取得申请执行人对法院工作的理解，有利于填补信息化尚未覆盖的财产调查领域，也是对律师执业的一种保障形式，在适用过程中，一方面，要强化财产查询令的效力，保障律师持令无障碍调查；另一方面，要贯彻坚持“一事一令”原则，要注意强化律师保守秘密义务。而公告悬赏则是集众人合力推进案件执行的举措，可以提高发现被执行人及其财产的概率，在适用过程中要注意处理好几方面的关系：执行人员、被执行人等负有财产查询义务或财产报告义务的主体不能领取悬赏；原则上应当依申请执行人的申请启动，人民法院不能依职权公告悬赏；严格财产线索的登记次序并据以扩大公示范围；对财产线索及时予以核实。

第六，优化联动惩戒机制，让失信者寸步难行。自 2013 年 7 月推行失信被执行人名单制度以来，该项制度不断完善，惩戒功能不断增强，取得了“一处失信、处处受限”、压缩失信被执行人生存空间的预期效果。特别是 2016 年 9 月，中办、国办正式印发《关于加快推进失信被执行人信用监督、警示和惩戒机制建设的意见》，使对失信被执行人的信用惩戒，由原来的“一对一”搭建专线工作模式，转变为系统化的、一揽子式的联合惩戒工作模式，标志着失信被执行人立体式、全方位的联合信用惩戒体系已基本形成。要尽快解决该项制度存在的操作不严格、随意性较大等问题，提升失信惩戒的公信度：一方面，要以“两办”文件的出台为契机，抓好各项具体联合惩戒措施的落实，加大宣传力度，营造诚实守信的社会氛围，为解决执行难创造良好的社会环境；另一方面，要进一步加强管理，加快修订相关司法解释，规范相应的审批、屏蔽撤销程序、责任承担、救济途径等方面内容，进一步严格适用条件，坚持惩戒与权利保护并重，实现精准打击，避免肆意滥打、误伤无辜，将好制度真正用好。

第七，发挥实地搜查手段的补遗功能。要针对执行网络查控尚不能覆盖的现金、普通动产等财产类型，发挥实地搜查手段的查漏补缺作用，及时弥补网络查控体系的空白；要通过实地搜查，进一步了解被执行人的生活、生产状态，有针对性的改进执行方案；要根据调查情况，依法严格判断被执行人究竟是属于确无财产可供执行还是规避执行。

二、破解“阻挠难排”的机制

执行因遭遇阻力而陷于停顿，是执行实践中的又一难题。“阻挠难排”即是指被执行人或其他主体以自己的行为对执行行为造成难以排除的妨碍。现实生活中的个体总处在一定的社会关系中，包括亲情、友情、乡情、同学情、同事情以及各种利益链在内的多种因素，都可能导致阻挠执行的发生。从主体上看，包括被执行人妨碍执行、利害关系人和案外主体妨害执行；从行为上看，包括积极妨碍和消极妨碍；从表现形式上看，包括以暴力、威胁或其他方式阻碍执行，以隐藏、转移、变卖、毁损被执行人的责任财产，以虚假诉讼、仲裁等手段将被执行人的责任财产确权或转让给他人，以不当提起案外人异议等方式拖延执行，以虚假执行案件对被执行人的责任财产进行保全，以履行职责、保护秘密等为由拒不履行协助执行义务，等等。其中，危害最大、治理最难的当属地方保护、部门保护。典型的有地方司法保护、地方金融保护和地方行政保护。地方司法保护表现为：部分地方法院对外地法院委托执行或请求协助执行的事项，借故推诿或设置障碍，迟迟不予执行，或能拖则拖等等；地方金融保护表现为：部分金融机构刁难执行人员，借口保护商业秘密拒绝提供执行义务人的银行往来账户，甚至向被执行人通风报信，为被执行人开设临时账户暗度陈仓，帮助被执行人转移财产等等；地方行政保护表现为：地方政府以招商引资等为由，以会议纪要、约谈以及直接间接施压等方式阻碍执行等等。

执行实践中，"阻挠难排"的原因错综复杂，既有客观因素也有主观原因。在客观方面，法律制度不完备是重要原因。比如，现行诉讼制度将第三人撤销之诉的主体范围限制在有独立请求权第三人和无独立请求权第三人，而将债权人排除在外，导致债权人很难通过该制度撤销被执行人与第三人进行的虚假诉讼。执行救济权利被滥用亦加剧了"阻挠难排"。特别是案外人异议制度在实践中被异化为：被执行人找来"各色人马"频繁提起案外人异议拖延执行。在主观方面，既有对法律缺乏应有的尊重、协助执行观念淡薄，也有以服务大局为名行地方保护、部门保护之实等因素。但归根结底，社会诚信体制不完善、违法成本低特别是消极协助的惩罚机制不健全是"阻挠难排"的主要原因。

破解这一困境，要抓住全面推进依法治国的重要机遇，尽快出台反消极协助执行和干预执行的应对措施，对负有协助执行义务的有关单位、组织或者个人的消极协助行为予以全面反制。

第一，加大对消极协助执行的处罚力度。要将反消极协助作为执行工作常态，完善协助执行单位、个人的责任和义务体系，凡构成消极协助的，依法予以制裁。目前，针对金融机构作为协助义务人的案件，在只能查询账户存款还未能实施有效冻结之前，如果账户内的款项被转移，查实银行有违反协助执行义务的，依照《侵权责任法》的规定，依法支持申请执行人对怠于履行协助义务的主体主张损害赔偿责任，大张旗鼓支持依法维权。今后，要进一步总结协助执行人承担赔偿责任的经验，当协助执行人怠于履行义务造成责任财产转移的，应当由其先行承担赔偿责任。通过完善协助执行义务人的赔偿责任制度，推进转移财产、规避执行的根本解决。

第二，严防严查地方保护和部门保护行为。要充分发挥《领导干部干预司法活动、插手具体案件处理的记录、通报和责任追究规定》《司法机关内部人员过问案件的记录和责任追究规定》以及最高人民法院相关实施办法等规定的作用，深化对地方保护、部门保护的反制工作机制。一方面，对干预、插手、过问具体案件的行为要做好全面、如实记录，做到全程留痕，有据可查，并以一定的方式向有关部门推送并公开通报，以便严肃追责；另一方面，要进一步争取地方党委的支持，通过发送司法建议、纳入综治考评等方式，加大对特殊主体为被执行人案件的专项清理力度。

第三，健全强制执行区域协同机制。要依托智慧法院建设，加强不同行政区划法院之间的互联互助，形成依法、高效的协作网络，实现信息共享、协同执行，联合抵制、共同克服各种阻挠因素；要进一步完善异地管辖执行制度，特别是在被执行人具有很强的特殊因素，由当地法院执行确有困难的，依法提级执行或指令异地法院执行。

第四，紧密依靠党委政法委牵头建立排除阻挠的组织机制。要主动向党委汇报执行工作，将解决执行难问题纳入党委工作的大盘子，纳入政法委工作的重要督办事项，依靠党委政法委领导，汇聚全社会力量，形成解决执行难的强大合力；要请党委政法委牵头建立应对妨害执行行为的组织机制，明确相关成员单位的职责分工，逐级落实责任、层层传导压力，在更高层面、更广范围凝聚排除妨害执行的正能量。

三、破解“财寡难分”的机制

执行的目的是实现生效法律文书确定的债权，责任财产的多寡是执行能否到位的物质基础。“财寡难分”有两方面的含义：一是被执行人的财产不足以清偿全部债务；二是因多个债权人不能全部获偿导致分配困难。具体主要表现为：被执行人确无财产可供执行；被执行人虽有财产，但经拍卖、变卖程序仍无法变价，申请执行人又不接受以物抵债；被执行人虽有财产，但由于法律限制无法变价；被执行人虽有财产，但因存在执行竞合，导致财产不能获得及时处置；对被执行人的财产处置后，案款未能及时向债权人分配。

因责任财产不足或者无法变现分配导致申请人债权未获实现或未获全部实现的原因是多方面的，主要包括：一是无所不在的商业风险和社会风险使然。当被执行人的责任财产不足以清偿其全部债务时（目前通常要占全部申请执行案件的40%到50%），即便穷尽强制执行措施，排除所有阻碍执行行为，债权人的权利依然无从实现。二是传统司法拍卖效率低、效果差。在法院查控到的财产中，60%属于非现金、存款的有形财产或无形财产，需要通过评估拍卖程序变现后才能向当事人支付，且拍卖费用等中间成本通常会消耗相当部分责任财产。传统评估拍卖的弊端日益显现，在经济下行压力加大的背景下，财产变现更是难上加难。三是传统变价手段单一。拍卖、变卖、以物抵债作为三种变价手段，均体现为权属的转移，但因特定财产的权属变动受限于法律、行政管制，难以通过传统变价方式实现。四是在先查封处置权的规定不完善。在查封债权是普通债权、而轮候债权中存在优先债权等案件中，当查封标的价值小于优先债权金额时，在先查封法院缺乏变价的积极性，往往加剧财产处置僵局。五是参与分配存在争议、案款发还管理不严格。因为参与分配规定迟滞，如有不同债权在参与分配的顺位上存有争议时，有些法院只要出现争议就暂停发款，甚至一拖数年，导致执行款物被侵占和挪用。

为从根本上解决“财寡难分”问题，必须从体制制度机制入手，综合运用多种措施加以解决。

第一，构建无财产可供执行案件处置机制。要严格认定标准和程序，准确划分无财产可供执行和有财产可供执行两类案件。经过人民法院穷尽财产调查措施及相应的强制执行措施后，没有发现被执行人有可供执行的财产，或者仅发现部分财产并执行完毕后，申请执行人的全部或部分债权不能得到实现的案件，本质上属于当事人应当自己承担的商业风险、交易风险和法律风险。对此类案件，要严格按照司法解释以及相关规范终结本次执行程序，有效防止为片面追求结案率而滥用“终结本次执行程序”。但同时要畅通终结本次执行程序案件的恢复机制和完善终结本次执行程序后的救济管理，不能将程序性、暂时性终结等同于实体上的彻底终结。

第二，提高财产处置效能。要以网络司法拍卖为契机，畅通财产变现这一关键环节：充分发挥网拍市场超地域化、机制便捷化、过程虚拟化、成本低廉化、信息透明化等优势，在最大范围内公开拍卖样品、竞拍过程等信息，最高程度尊重市场选择，最大程度降低交易成本，最低成本变现财产，最大限度挤压执行权寻租空间。

第三，拓宽责任财产的价值实现手段。要物尽其用，针对二拍流拍后，申请执行人仍不接受以物抵债的案件，探索责任财产变现形式，实现其市场价值；要针对法律限制转让的责任财产类型，研究以租代让、以借代售的合法性和合理性空间，充分发挥其使用价值；要根据宅基地使用权、土地承包经营权等权利的特殊属性，探索其进入执行程序的可能程度和范围，在法律框架内盘活存量资源，促进社会财富增长。

第四，完善执行案件处置移送制度。要严格执行首封法院与优先债权执行法院之间的移送和保全司法解释的规定，以最有利于保护当事人合法权益，最有利于责任财产变现，最有利于实现财产价值为原则，着力解决案件处置移送的难题；要进一步加大监督指导力度，上级法院要及时予以协调，确保应当移送执行的法院确保移送。

第五，健全案款管理和发放机制。要加快推进参与分配相关司法解释的起草工作，为确认分配顺位、减少争议提供制度基础；要严格按照最高人民法院统一部署落实执行案款清理工作方案的要求，以理清账目为手段加快制定分配方案，加快处理异议、复议等程序事项，提高办案效率，尽快按照规定将款项发放给当事人，尽快实现当事人的权利；要建立完善信息化执行案款管理规则，依托执行案件信息管理系统中专门的执行案款管理软件，做到一案一账号，形成执行案款管理长效机制，达到高效规范运行状态。

四、破解“人案难管”的机制

管理是人类社会活动的客观需要。管理也是生产力。然管理虽属必须，但管理难题却始终存在。所谓“人案难管”即指执行法院或上一级法院难以对执行工作人员与执行案件进行有效管理。具体表现为：执行法院的院领导、执行局领导对本院执行案件的办理进度和执行人员的工作状态无法全面、及时掌控，有相当一些案件容易处于失控状态；上级法院对下级法院执行案件的真实情况难以掌握；上级法院对下级法院的执行工作难以进行有效的监督指导。

与审判业务部门相比，执行部门具有现场执行、院外作业、“散兵游勇”、运动作战等特点，这些都是导致“人案难管”的因素。具体而言，“人难管”的主要原因包括：“案多人少”的现状客观上提高了实施有效管理的难度；执行实施工作多为散兵作战，基本不需组成合议庭，在执行员之间很难形成有效监督；野外作业的性质决定了在外查封、扣押等出外勤是日常工作，难以适时监控；执行工作直接涉及利益交割、诱惑大，又需要与当事人大量面对面接触，执行人员很容易受到诱惑，违法乱纪现象并非个案；部分执行人员职业素养不高，专业学养不够，遇到困难就和稀泥，强迫权利人放弃一部分权利甚至消极执行。而“案难管”的主要原因则包括：较之审判案件，执行案件很难一次执结，往往需要数次恢复执行，同一执行案件可能多人经手多次，易致责任不清、案情不明；部分考核指标不合理，有的地方片面追求结案率，不该终本的案件终本，不该中止的案件中止；执行规范不完善，裁量空间过大，易生乱执行。

破解"人案难管"，要根据执行人员和执行案件的特点，有针对性地加强和改进管理体制、机制和方式，实现执行管理制度和管理方法的科学化、合理化。

第一，优化执行权力配置。要按照"完善司法体制，推动实行审判权和执行权相分离的体制改革试点"的要求，理顺执行裁判庭与执行局的相互关系，既强化审执制约，又强化审执协调，强化审执交流，努力提升执行业务、执行法官专业化水平，推动提高执行效率；要探索完善团队化执行工作模式，既有效应对"案多人少"形势，又确保各司其职，进行有效监督制约。

第二，规范执行行为建设。要针对消极执行、乱执行等主要因素和瓶颈制约，主动作为、规范作为。通过健全执行规范化制度体系，为规范执行行为奠定制度基础；通过健全执行监督体系，强化内部监督和外部监督合力；通过提升信息化水平，在案件系统中嵌入审限提示、廉政提醒等功能，倒逼提升执行规范化水平。

第三，推进执行案件流程管理系统建设。要发挥该管理系统流程规范化、多系统一体化、功能智能化、上下联动化等特有优势；

要在信息化建设服务全国四级法院执行人员便利办案的同时，注重发挥监督管理平台的强大功能；要发挥管理平台自动化生成数据的优势，切实解决案件底数不清、执行进度不明、办案期限拖延、廉政风险高发等“老大难”问题。

第四，完善执行指挥中心信息平台功能。要有效整合网络查控、信用惩戒、案件管理、网络拍卖、信息公开等系统功能，形成执行指挥中心信息化管理平台，打造融合委托执行、指定执行、请示汇报、远程指挥、视频会商等多功能一体化的平台；要以该平台为基础和抓手，确保统一管理、统一指挥、统一协调执行工作机制的有效落实，尤其要针对执行实施的特点，完善单兵执行全程录音录像系统，做到全程留痕、全程监控与及时调配执行力量的有机结合。

第五，完善符合执行规律的司法责任制。要始终把司法责任制放到执行体制改革的基础性地位和关键位置，按照有权必有责、有责要担当的原则，坚持权责明晰、权责统一，确保法官、法官助理、司法警察、书记员根据职责权限和分工承担与其职责相对应的责任，有效治理执行失范、违规行为。

第六，构建执行队伍高素质的长效机制。要针对长期以来对执行队伍建设重视不够、执行力量依然薄弱的问题，确保各级法院按照规定比例配齐配强执行人员，不断优化执行人才整体结构，提高执行系统的整体运行效能；要加强理想信念教育，保证执行工作的正确政治方向，强化执行人员对公平正义的执着追求，强化对法治原则的坚定恪守，强化对司法事业的忠诚热爱；要大力提高执行法官专业素质，大力加强教育培训工作，牢牢把握执行工作特点，增强教育培训针对性、实效性，鼓励和保障广大执行干警钻研执行业务、优化知识结构、强化实践锻炼，努力提升职业素养和专业水平。

第二章
以系统思维谋划基本解决执行难

执行难问题是实现公平正义的最后一道藩篱。能否解决执行难问题，关系到当事人合法权益的最终兑现，关系到司法和法律权威的真正树立，关系到经济社会发展的诚信基础。长期以来，执行难问题始终存在，未能有效解决。党的十八届四中全会提出，要切实解决执行难，依法保证胜诉当事人及时实现权益。切实解决执行难也是推进“四个全面”战略布局必须完成的任务。为此，最高人民法院经过认真研判，在2016年十二届全国人大四次会议上，明确提出向执行难全面宣战，用两到三年时间基本解决执行难问题。实现基本解决执行难目标，不仅要坚持问题导向、突出工作重点，而且要有战略思考和系统思维，坚持系统设计、整体布局、综合治理、多措并举。

一、以联动机制为基础，构建解决执行难的大格局

习近平总书记指出，加强和创新社会治理，要更加注重联动融合、开放共治。中共中央政治局委员、中央政法委书记孟建柱同志在全国法院执行工作会议上强调，“解决执行难，必须在党委统一领导下，充分发挥党的政治优势、制度优势，坚持党委统一领导、政府积极支持，推动部门配合、社会参与，形成标本兼治、综合治理解决执行难的工作格局”。[①] 最高人民法院周强院长特别强调，“要紧紧依靠党委领导和社会各方面支持，切实推进执行难问题的有效解决。”[②]

要始终坚持党的领导。党的领导是中国特色社会主义最本质的特征，是社会主义法治最根本的保证，是中国特色社会主义制度的最大优势。多年来，人民法院执行工作之所以能够一直保持正确方向，不断克服困难、向前发展，最根本的就是始终坚持党的领导。各级人民法院要主动向党委汇报执行工作，将解决执行难问题纳入党委工作的大盘子，纳入政法委工作的重要督办事项，依靠党委政

① 2016 年 9 月 28 日时任中共中央政治局委员、中央政法委书记孟建柱在全国法院执行工作会议上的讲话，载《人民法院报》2016 年 9 月 30 日。

② 2016 年 9 月 29 日最高人民法院院长周强在全国法院执行工作会议上的讲话，载《人民法院报》2016 年 9 月 30 日。

法委领导，汇聚全社会力量，形成解决执行难的强大合力。

要进一步完善执行联动机制。从2010年最高人民法院与中纪委等19个部门联合发布《关于建立和完善执行联动机制若干问题的意见》以来，执行联动机制建设不断发展完善，社会治理大联动、大融合的理念渐入人心、形成共识。人民法院要抓住难得的历史机遇，主动沟通、善于协调，推动形成增进联动融合的工作机制，争取成立由政法委牵头、各执行联动成员单位参加的基本解决执行难问题工作协调小组，定期召开联席会议，研究解决各类困难和问题，切实有效发挥执行联动的功能和作用。

二、以标本兼治为路径，谋划解决执行难的治本之策

破解执行难是一项系统工程，必须标本兼治，综合施策。既要立足现实，解决规范化、信息化、外部惩戒、内部机制等治标方面的突出问题；又要着眼长远，通过推动从根本上解决执行难的长效制度体系建设，谋划治本方略。要充分发挥破产制度功能，完善执行救助制度，完善社会保险体系，推动健全公民、法人、其他组织的财产及身份信息实名登记和信用采集制度，加强基础性制度建设，为解决执行难提供制度保障。

要推动健全社会信用体系。征信系统不完善是我国存在执行难的重要社会因素。域外经验表明，健全社会征信体系，将促使社会

主体自觉诚实守信，执行难问题将得到极大缓解。要依托网络信息技术，以建立健全执行联动机制为契机，加强各部门、单位协作配合，推进社会各类身份、财产、信用信息的采集，促进跨部门、跨行业的信息共享，推动健全社会征信体系，为构建诚信社会、优化执行外部环境奠定坚实基础。

要推动破产制度的完善。良好的破产制度,具有分流执行案件、缓解执行难题的重要作用。但一直以来，全国法院每年受理的企业破产案件数量,远远少于工商机关吊销、注销的企业数量,大量“僵尸企业”以执行案件而非破产案件的形式进入法院，进一步加剧了执行难。要畅通执行转破产渠道，完善内部机制，紧紧依靠党委，统筹处理好职工安置、社会就业稳定等问题，推进破产制度的全面落实。

要推动完善执行救助制度。建立和完善执行救助制度是根治执行难的辅助手段。要将执行救助纳入财政预算，拓宽资金来源，明确救助对象，加大救助力度。要加强执行救助和社会救助的衔接配合，促进一次性救助和长期保障的有机结合，形成救助合力，促进确无财产可供执行案件的解决。

要推动完善社会保险体系。实践表明，重视和运用社会保险机制分担风险、分摊损失的功能，对于破解执行难具有重要作用。要积极推动社会各个领域的保险制度建设，尤其要扩大强制责任保险制度的覆盖范围，推动食品安全责任、环境责任、雇主责任、交通事故等领域的强制责任保险制度，保障大规模受害人民事索赔权的实现，促进相关困难案件的化解。

三、以规范执行行为为重点，着力解决执行失范、违规问题

执行失范、执行违规等问题是制约执行工作科学发展的主要因素和瓶颈，影响了执行队伍形象，降低了人民群众满意度。要坚持主动作为、规范作为，进一步提高执行能力和水平。

要健全执行规范化制度体系。构建系统完善的制度体系，是规范执行的基础。要坚持系统思维，根据工作部署要求，尽快补齐缺位的司法解释或指导性意见，系统梳理现行司法解释，确保各项执行制度规则清晰、运行顺畅，相互配合、形成体系。要加强研究论证和沟通协调，加快推进强制执行立法进程。要秉持依法执行、公正执行、善意执行、文明执行的理念，建立和完善一套以操作规程为核心的执行行为规范体系，明确执行人员的工作职责，划清权力边界。

要健全执行监督体系。强化执行工作监督，是有效防范和纠正执行人员消极执行、违法执行、错误执行的重要途径和手段，是确保执行权规范有序运行的必要条件。要强化外部监督，主动接受人大监督，依法接受检察监督，借助外部监督力量，倒逼执行工作的规范化发展。要强化内部监督，严格按照《民事诉讼法》要求，规

范和加强对下级法院超期未执行案件的依法立案和实质办理；进一步健全执行申诉信访的办理机制，切实加强对下级法院的个案核查督办，及时回应人民群众的关切。要发挥执行当事人在监督机制中的作用，切实推进立案登记制在执行异议领域的贯彻落实，畅通当事人的监督渠道，发挥当事人监督的强大效用。对于监督中发现的问题，要坚持有错必纠，依法依纪严肃问责处理。

要以信息化倒逼提升执行规范化水平。加强信息化建设，是促进规范体系和执行监督落实到位的重要抓手。要促进规范体系的信息化转化，将抽象的制度规范转化为可见可控的计算机流程，通过网上办案、办公，提高执行规范化水平。要依托网络查控系统和执行工作管理系统，建立申诉信访案件的随查制度，对每一件反映消极执行、拖延执行或执行失范的申诉信访，要认真核查被执行人的财产状况和执行案件的办理情况，切实增强监督效果。要依托执行信息公开平台，全面公开重要执行流程节点信息和执行裁判文书，以公开促规范。执行人员外出实施执行决定或裁定，必须配带并开启执法监控仪，以保障执行行为的规范、文明。

四、以"一打三反"为突破口，坚决整治规避、妨碍执行等现象

当前，抗拒执行、规避执行、干预执行和消极协助执行仍然是制约和影响执行效率效果的突出问题，人民群众对此最为关心，解

决愿望最为迫切。要加大依法执行力度，对有能力履行法律义务却恶意逃避执行、暴力抗拒执行的，要善于运用法律手段，坚决予以制裁，从而实现一般预防和特殊预防。

要充分运用法律手段，加大惩治力度。要继续加大依法惩戒力度，打击规避执行、抗拒执行等违法行为。进一步完善联合信用惩戒制度，在全社会各个领域开展信用惩戒，让规避执行的被执行人一案失信，处处受限、寸步难行。进一步完善相关法律制度，探索建立追诉期更长、适用范围更宽的撤销权制度和法定情形更多的变更追加执行主体制度，加大对诉前、诉中、诉后规避执行的依法打击力度；探索建立消极协助执行单位依照《侵权责任法》赔偿申请执行人损害的法律制度，强化对消极协助执行的反制措施。进一步用足用好强制措施，加大对各类违法行为主体采取限制出境、罚款、拘留等强制措施的力度，对情节严重的，充分利用公诉、自诉等法律手段，依法追究刑事责任。

要坚持惩防并举，注重预防。要通过降低财产保全的担保比例和创新财产担保责任保险等担保方式，降低诉讼保全门槛，将网络查控前移至诉讼阶段，提高债权人获得债务人财产信息的能力，促进财产保全比例的提升，防止债务人在诉讼阶段逃避、规避执行。要进一步拓展网络查控体系的财产查控范围和功能，让被执行人在执行阶段无处藏匿财产、无法规避执行，并通过协助执行的网络化、自动化，避免人为干预执行和消极协助行为的发生。要进一步完善委托执行、异地协作机制，依托执行指挥中心建设，优化委托执行的管理考核，推广区域协作执行新模式，提升异地执行效果，杜绝违法执行乱象。

要善于运用各种媒体，加大正反面典型宣传力度。要深入挖掘自觉履行义务的典型案例，加强正面宣传，发挥榜样力量。要针对规避执行、抗拒执行等违法情形，在依法严肃处理后大力宣传，广造声势，做到以儆效尤、以一当十。通过正反两方面的宣传，发挥执行的评价、教育和引领作用，形成守法光荣、违法可耻的社会氛围，为基本解决执行难营造良好的法治环境。

五、以改革创新为动力，促进执行工作优质高效

习近平总书记指出，创新是引领发展的第一动力。人民法院要牢固树立创新理念，坚持问题导向，通过改革创新，不断破解难题，不断推动执行体制改革和工作机制的完善。

要稳妥推进执行体制改革。要按照党的十八届四中全会提出的要求，及时总结试点经验，稳妥开展审执分离改革。要建立健全全国四级法院上下一体、内外联动、规范高效、反应快捷的执行指挥体系，将执行指挥中心建成执行管理中枢，成为信息交换、指挥调度、决策分析中心，促进统一管理、统一指挥、统一协调执行工作管理体制的落实。

要完善司法程序衔接配合机制。要树立立、审、执"一盘棋"思想，把解决执行难贯穿于立、审、执全过程，减少执行压力，提高执行效率。要提交裁判书制作水平，避免因裁判文书的错误或不明确而导致执行难。要改革现有财产保全制度，进一步提高财产保全的适用比例，通过保全促调解和解，从源头上减少执行案件的产生，缓解案多人少矛盾。要通过完善审判业绩考核，促进调解自动履行率的提升，确保裁判内容的可执行性。

要完善无财产可供执行案件的管理处理机制。无财产可供执行案件的认定和处理，是理性认识执行难、基本解决执行难的关键。实践中，此类案件比例较高，但管理混乱、标准不一，容易损害当事人合法权益。最高人民法院已经出台"终结本次执行程序"的管理办法，要严格落实该规范性文件，统一和严控认定标准；强化定案后依职权查找财产的职责；建立案件被执行人名单制度，将名单向联动单位推送；依法限制被执行人高消费，并向社会公布，依法接受当事人和社会监督；促进申请人对"执行不能"概念的认同，增进申请人的理解和配合。

要完善财产处置机制。司法评估、拍卖一直是当事人和社会关注的热点，也是违规违纪易发多发环节。要抓好网络拍卖司法解释的贯彻落实，促进网络司法拍卖的全面推广和制度完善，借助网络拍卖平台的公开、透明、高效，实现拍卖程序的全程公开，确保司法廉洁；通过网上竞拍规则的创新，提高变现效益，全面提高执行工作效率，促进当事人利益最大化。

要完善执行案款管理机制。执行案款管理是当前执行工作的一个薄弱环节。要如期完成执行案款专项清理活动的任务，积极构建长效机制，借助信息化手段，实现一案一账号，使执行案款的流转与发放及时、透明、准确、全程留痕、全程公开。

六、以信息化建设为抓手，提高执行工作现代化水平

科技是第一生产力。习近平总书记指出，加强和创新社会治理，“要更加注重民主法治、科技创新”。要从全面推进依法治国的大视野审视信息化建设，以信息化引领人民法院执行工作现代化。要围绕“智慧法院”工作目标，进一步加快推进信息化建设，促进信息化与执行工作的高度融合，推进执行工作实现重大变革，全面实现执行工作现代化。

要深入推进网络查控系统建设。构建完善的通过互联网查控财产的系统，对于解决被执行人难找、执行财产难寻、协助执行人难求等问题具有重要作用。要在现有系统建设基础上，进一步扩大合作单位的范围和查控财产范围，加强与不动产管理部门、地方性银行、网络银行以及农村信用合作社等部门、单位的沟通协作，实现对更多领域更多财产信息的查询和控制。要进一步完善系统功能，力争所有部门、单位均可实现网上查询、冻结、扣划，并实现线上

线下操作的无缝对接。

要加大联合信用惩戒力度。联合信用惩戒，可以让失信被执行人寸步难行、无处逃遁。要在现有建设基础上，进一步加强沟通协调，确保中办、国办《关于加快推进失信被执行人信用监督、警示和惩戒机制建设的意见》得到全面贯彻落实，尤其要抓好招投标、政府采购、旅游度假、文明创建等领域信用惩戒的落地生根。要加强和规范失信被执行人名单信息录入工作，确保应纳尽纳、信息准确，杜绝出现数据错误、信息缺漏等问题。

要加强执行案件流程信息管理系统建设。执行案件流程信息管理系统，具有流程规范化、多系统一体化、功能智能化、上下联动化等特点。要抓好系统的全方位对接，确保全国四级法院统一上线运行，为法官执法办案提供便利服务，为进一步加强监督管理提供有效平台。

要强化信息化的应用。执行信息化，建设是基础，应用是关键。要坚持领导带头应用，加大培训力度，建立健全奖惩机制，推进信息化系统的深入普及，提高规范化操作水平。

七、以队伍建设为保障，抓好解决执行难的关键因素

解决执行难，建设一支过硬的执行队伍是关键。人民法院要认真学习贯彻习近平总书记系列重要讲话精神特别是对政法队伍建设

的重要指示，认真贯彻全国政法队伍建设工作会议精神，大力加强执行队伍建设。

要坚持把思想政治建设摆在第一位，确保正确方向。要按照中央部署要求，保证执行工作的正确政治方向，认真学习党章党规，切实践行“四讲四有”合格党员标准。要结合各项执行工作，以实际工作成果体现学习教育成效。

要积极稳妥推进员额制改革，保证队伍稳定。法官员额问题影响执行队伍稳定和执行难的解决。要根据执行权兼具司法权和行政权的性质以及实践需要，在执行机构保留一定比例的法官员额。要合理确定和配备从事执行工作的人员比例。要建立完善的执行队伍流动机制，严把入口，畅通出口，加强交流，提高队伍的凝聚力和战斗力。

要加强教育培训，提高队伍能力。要加强教育培训工作，不断提高干警的各方面能力，加强先进典型的培树工作，营造争先创优、力争上游的良好氛围，提高队伍的整体战斗力。

要加强作风建设，永葆队伍廉洁。执行队伍廉洁是执行工作取信于民的基本前提，没有纪律作风的改善转变，即便执行措施到位，人民群众也不会认可。要不断完善不敢腐的惩戒机制，严肃处理执行队伍的司法腐败和各种违法违纪行为。要以信息化建设为依托，强化内部监督制约和风险防控，不断完善不能腐的防范机制。

要坚持以人为本，强化履职保障。要认真落实中办、国办

2016 年 7 月印发的《保护司法人员依法履行法定职责的规定》，保护干警依法履职，切实维护干警及其亲属的人身安全。要关心关爱干警，既坚持从严治警、又坚持从优待警，帮助干警解决实际困难，为干警依法履职创造良好条件。

第三章
以治理思维推进解决执行难

小智治事，中智治人，大智治制。近年来，人民法院执行工作取得了显著成效，为治理执行难奠定了良好基础。但同时也要清醒看到，有效治理执行难注定是一项综合性、系统性工程，要整合各种力量和社会资源，以治理思维推进执行难的基本解决。

一、依法治理

“理国要道，在于公平正直。”法律是治国之重器，法治是国家治理体系和治理能力的重要依托。全面推进依法治国是国家治理领域一场广泛而深刻的革命。无疑，依法治理是治理执行难的题中应有之义。要加强执行工作的法治保障，运用法治思维和法治方式，在法治框架内尽可能统筹多种资源和力量化解执行难顽疾。

（一）进行依法治理的必要性

一是执行工作实现良性循环需要形成一个良好的法治环境。社会成员法律素养提高，法律意识逐渐内化为社会主体的内心信念，成为一种自觉追求，法治环境自然日臻完善，自觉履行生效法律文书确定的义务自然能蔚然成风，执行难亦将根本缓解。依法治理执行难，既是推动法治建设的重要抓手，也是彻底解决执行难的必由之路。

二是开展强制执行需要以法治思维为引领。只有牢固树立依法执行理念，加大依法执行力度，对有能力履行法律义务却恶意逃避执行、暴力抗拒执行的，善于运用法律手段，才能既划出行为底线又震慑违法，才能发挥教育、示范作用；只有正确把握和运用好执行政策，妥善把握法律规范与实际状况，妥当权衡当事人利益与公共利益，才能在最大限度内实现债权人胜诉权益同时防止因随意扩大执行范围而损害被执行人、第三人的合法权益。

三是将执行权关进制度之笼需要以法治方法为指导。任何权力都有被滥用的可能，从而导致权力异化。执行权作为一项国家公权力，其行使必须纳入法治轨道。对于执行工作中存在的乱执行和违法执行等现象，只有依法治理，牢牢坚持合法性原则，以规范执行为准绳，久久为功，才能切实将执行权关进“制度铁笼”。

（二）要切实推进依法治理

优化的法治环境和健全的基础性制度，是基本乃至根本解决执行难的重要保障。要将依法治理贯彻到执行工作的方方面面，不断提升执行工作法治化能力和水平，不断增强执行人员用法治思维和法治方式解决问题、推动工作的能力和水平。

一是牢固树立依法执行理念，将公正、文明、善意等体现现代法治精神的内容有机融入执行工作中。要做到公正执行，严格遵守查封、扣押、冻结的适用条件和法定程序，坚决杜绝超范围、超标的查封、扣押、冻结。在不损害债权人利益前提下，要尽量优先采取方便执行且对当事人生产经营影响较小的执行措施，尽可能保全资产的市场价值，努力实现多方共赢。要耐心细致做好法律政策解释、思想疏导、说服教育等工作，提高执行工作公信力。

二是强化规范意识和规则意识。要着力扭转多年来因强制执行法缺失、执行规范粗疏等因素造成的失范执行、违法执行等乱象，在法律有明确规定的情形下，必须严格遵照法律的规定执行；同时，也要遵循法律的基本原则，或者按照相似情形、相似处理的原则执行。

三是持续推进执行规范化建设。当务之急，是要出台和不断完善一整套以操作规程为核心、覆盖执行工作各重要节点的案件办理规范，明确执行人员的工作职责，划清执行人员的权力边界。最高人民法院近年已经出台了网络拍卖、变更追加执行主体、终结本次执行程序、财产保全、财产查明、执行案款管理仲裁裁决执行与不予执行等多部的司法解释或指导性意见，要清理废止过时规定，消除执行规范体系之间的矛盾冲突，填补规则漏洞，确保执行制度规则清晰、运行顺畅，促成各项制度相互衔接、相互配合、形成体系，为依法治理提供完整、系统的制度支撑。特别是要积极推进强制执行立法，为解决执行难提供法律支持。“制定强制执行法”是党的十八届四中全会提出的明确任务要求。强制执行法的早日出台，对于解决执行难至关重要，可以进一步完善规则体系，强化执行手段，对于促进执行规范化建设具有重大作用。要积极协调推动立法机关加快强制执行法的立法进程，及时制定、修改、完善其他法律法规，提升执行制度的系统性。

四是关于用法治方式解决执行不作为和乱执行问题。要充分发挥信息技术优势，完善执行案件流程信息管理系统，大力推进执行公开，做到全程留痕、全程公开、全程监督，杜绝暗箱操作。要紧紧围绕执行中容易发生问题的关键环节，加快建章立制，促进规范体系的信息化转化，将抽象的制度规范转化为可见可控的计算机流程，通过网上办案、办公，确保执行行为依法合规，提高执行规范化水平，从制度上铲除执行不作为和乱执行的土壤，使法院执行行为可预期、可监督、可评估、可问责。

二、综合治理

“不谋全局者，不足以谋一域”。治理执行难这一综合性难题，必须有全局思维，并进行综合施策。新时期新任务为执行工作提出了新要求，要主动适应新形势，立足当前、着眼长远，积极推动执行工作理念、体制、制度、机制、方法创新，不断提高执行难治理的社会化、法治化、智能化、专业化水平，综合运用政治的、经济的、行政的、法律的、文化的、教育的等多种手段，通过加强联合惩戒、诚信建设、宣传教育等方面的工作，化解制约执行工作效能的各种外在和内在因素，实现执行难问题的社会共治，从根本上预防和解决执行难问题。

（一）进行综合治理的必要性

一是执行难成因复杂，综合治理可以为彻底解决执行难提供治本良策。执行难作为困扰司法工作的难题，从其发生原因看，既有被执行人逃避抗拒执行、外部干预执行、消极协助执行、社会诚信体系不健全、社会诚信意识淡薄、法治意识薄弱、地方保护与部门保护等外部因素，也有人民法院执行体制制度机制不健全、不完善，尚不能完全适应新时期执行实践工作需要等内部原因。执行难的基本乃至彻底解决，需要紧紧依靠和充分发挥我国的制度优势，举各方之力，形成标本兼治、综合治理执行难的工作格局。

二是执行过程涉及方方面面，综合治理可以为彻底解决执行难提供更加管用、更加丰富的方法和手段。随着经济社会的发展，财产存在形式不断丰富，既有传统的不动产、动产，也有“虚拟财产”，被执行人规避执行等手段花样翻新。要有机结合传统执行手段和财产查控系统等现代方法，从诉前保全阶段开始就对执行过程实施治理，以全过程治理推进执行效能的提升。

三是执行难治理需要各方形成合力，综合治理可以为彻底解决执行难提供坚实保障。执行工作涉及的部门众多，仅仅依靠人民法院自身很难推动，在最广泛的范围鼓励和支持社会各方力量参与治理执行难。要深刻认识解决执行难工程的综合性、社会性，充分发挥我国政治优势、制度优势，牢牢坚持党委统一领导、政府积极支持，推动部门配合、社会参与，各部门各领域实现联动融合，调动各种社会资源，充分发挥各级法院的主导作用，共同治理执行难。要通过发挥社会组织作用，整合社会治理资源，积极推动建立法院与社会协同机制互联、建立健全执行难的治理网络，形成人人参与治理执行难的局面。

（二）要切实推进综合治理

一是积极争取党委政法委的领导和支持，形成解决执行难的大格局。要积极推动解决执行难组织协调工作常态化。从解决执行难纳入各地综合治理目标责任考核、在人力物力财力等方面对人民法院执行工作予以倾斜等多个方面争取支持。

二是形成解决执行难的强大合力。要推动有关单位、部门认真落实、中共中央办公厅、国务院办公厅《关于加快推进失信被执行人信用监督、警示和惩戒机制建设的意见》，健全联合信用惩戒体系，尽快完成执行联动机制成员单位与联合信用惩戒体系的网络对接，将人民法院发布的失信被执行人名单嵌入本单位管理、审批工作系统中，实现自动比对、自动监督，并自动采取拦截、限制、禁止、惩戒等措施，真正让失信被执行人“一案失信、处处受限”。要在现有系统建设基础上，进一步抓好招投标、政府采购、旅游度假、文明创建等领域信用惩戒措施的落地生根。要加强和规范失信被执行人名单信息录入工作，确保应纳尽纳、信息准确，杜绝出现数据错误、信息缺漏等问题，在规范的基础上不断强化“黑名单”制度的威慑效应。

三是加快推进社会诚信体系建设，不断健全配套机制。要确保《社会信用体系建设规划纲要（2014-2020 年）》和《关于建立完善守信联合激励和失信联合惩戒制度加快推进社会诚信建设的指导意见》等文件在执行领域的落地生根，建立健全褒奖诚信、惩戒失信的社会诚信体系。

四是强化综合施治，着力发挥对当前执行体制制度机制薄弱环节的查漏补缺作用。要进一步加强和落实执行款物管理制度，严格控制现金的使用和流转，防止恶意转移财产。要探索扩大执行救助基金的来源，对交通肇事、人身损害、赡养抚养、刑事附带民事等诉讼中的特困群体加大执行救助力度。

三、系统治理

事物是普遍联系的，万事万物都处在一定联系之中。解决执行难问题必须坚持系统思维。要加强党委领导，发挥法院主导作用，鼓励和支持社会各方面参与执行，实现法院主导作用和社会自我调节的良性互动。

（一）进行系统治理的必要性

一是系统治理有利于发挥执行体制制度机制的合力，克服单一手段鞭长莫及、顾此失彼的不足。解决执行难不仅要将现有案件执行完毕,而且要做到以后不再发生执行积案。只有系统治理，才能统筹各方力量，调动各种资源，形成系列举措，打出“组合拳”，对基本乃至彻底解决执行难同时发力、同向发力、持续发力。

二是系统治理有利于克服执行工作短板，祛除“短板效应”。根据“木桶定律”，盛水的木桶虽然是由多块木板共同组成，但盛水量却由最短的木板所决定。执行工作涵盖领域极其广泛，系统治理有利于整体谋划，推动执行工作方方面面齐头并进，整体优化，避免因某一方面的短板、某一环节的纰漏影响整体工作。

三是系统治理可以固本强基，为解决执行难长效机制的形成奠定坚实基础。“千里之堤，溃于蚁穴。”事物的发展是量变到质变的过程，内因对事物的发展起决定作用。只有坚持系统治理，从内外部系统推进，从惩戒机制、诚信体系、制度构建、队伍建设等多层面多角度系统展开，才能避免“单兵突进”和“单打一”，才能体现制度优势、发挥制度的整体效用。

（二）要切实推进系统治理

一是既要治标，更要治本。一方面，要针对执行工作当前存在的规避执行、消极执行、乱执行等突出问题，想急招、出重拳，通过有针对性的专项整治，为彻底解决执行难奠定坚实基础，为治本赢得时间和先机。另一方面，要未雨绸缪、着眼长远，谋划彻底解决执行难的治本之策。

二是推动破解执行难治标难题。要及时总结反抗拒执行、反规避执行、反消极执行、反干预执行等系列专项活动的经验，将短期性、临时性专项活动转变为长期性、常态化工作机制，解决当前严重制约和影响执行效率和效果的突出问题。

三是不断夯实执行难治本基础。要深入总结近年来为破解执行难所采取的一系列工作举措的经验，特别是要在深刻认识和把握系列举措内在逻辑与实际效果的基础上，持续推进执行行为规范化、执行过程智能化、执行惩戒协同化、执行机制科学化、执行队伍职业化，筑牢彻底解决执行难的坚实根基。

四、源头治理

“善除害者察其本，善理疾者绝其源。”解决执行难问题需要浚其源头、注重治本，锐意改革、不断创新，从源头上预防和根治执行难问题。

（一）进行源头治理的必要性

一是事先主动预防，不再产生执行积案或难执行的案件是源头治理的根本追求。源头治理有利于摆脱事后应对的被动局面，更多地把工作重心从治标转向治本、从事后救急转向病根医治，实现治理执行难关口前移。

二是可以事半功倍，找到治理捷径取得实效。源头治理有利于从影响执行难的根本性、关键性问题入手，通过改革创新，不断健全和完善执行体制机制，为彻底解决执行难提供有力支撑。

三是治污须从污染源治起。源头治理有利于追本溯源，切中症结，探索执行难的经济文化社会根源，明确彻底解决执行难的切入点和着力点。

（二）要切实推进源头治理

一是努力推动形成诚信守法的法治环境，实现社会公平正义，让诚信者发展顺畅，让失信者寸步难行。

二是通过执法办案工作，特别是通过执行联动工作机制，善于发现和弥补市场机制的不足，注重发挥司法的规范、评价、指引功能，引领市场主体不断增强市场风险防范意识，推动风险防范机制的建立健全。

三是进一步深化失信惩戒联动机制建设，加大“赏诚罚奸”的力度和范围，促进跨部门、跨行业信用信息共享，推动健全社会征信体系，推动健全社会征信体系。

四是重视和运用保险机制分担风险、分摊损失的功能，特别是在特定领域推行强制保险，推动完善社会保险制度。

五是深化立、审、执“一盘棋”机制，把解决执行难贯穿于立、审、执全过程，完善司法程序衔接配合机制。特别是要推动建立健全执行与破产有序衔接机制，让更多“僵尸企业”通过“执转破”机制及时清理债权债务，分流执行案件、缓解执行难题。

五、协同治理

协同治理旨在建立集体决策和共同参与制度，实现权力协同、责任共担、利益分享，实现国家与社会良性互动。

（一）进行协同治理的必要性

一是有利于调动社会各方积极性，针对执行难的复杂成因实行精准治理。实践证明，基本乃至彻底解决执行难不能仅依靠法院的单打独斗，更需要积极争取包括其他部门、行业组织等在内的尽可能多的支持，通过联合全社会力量，共同惩戒失信，惩戒老赖，最大限度压缩失信者生存空间，从法律、经济、政治、道德、生活、舆论等各方面对失信被执行人布下一张天罗地网，促使其自动履行义务。只有协同治理，才能针对形成执行难的复杂成因，多措并举、多管齐下。

二是有利于确保执行手段和执行措施的有效落实。只有协同治理，才能针对不同案件、针对不同主体因案施策、分类施策。比如，对涉及全局性的、长远性等涉及公共利益的公共事务（执行改革、查控系统建设等）实施必要的管控与协调，而把那些涉及地域性的、群体性的、基层性的公共事务（寻求财产实地调查见证人、培养诚信意识等）留给社会自治，让公民通过社区、合作社、民间组织、社会企业等多种自治组织方式实施自我管理。

三是有利于实现“善治善执”。只有协同治理才能全方位、多行业、宽领域推动健全执行联动机制，提高被执行人自动履行的比率，减少强制执行措施的适用，避免强制手段边际效应递减等“过犹不及”，有利于实现“善执”的目标。

（二）要切实推进协同治理

一是实现内外协同。一方面，要练好内功，持续推进规范化建设，规范执行行为、转变执行作风，提升执行队伍业务水平和能力，为彻底解决执行难提供制度基础和人才保障；要坚持和完善执行信息公开制度，加强执行信息公开工作，以公开促规范，不断满足当事人的知情权，自觉接受社会监督。另一方面，要在现有查控系统建设的基础上，进一步扩大合作单位的范围和查控财产范围，尤其要加强与不动产管理部门、地方性银行、网络银行以及农村信用合作社等部门、单位的沟通协作，实现对更多领域更多财产信息的查询和控制；要加大对失信被执行人的惩戒力度，进一步拓宽联合惩戒单位和范围，不断深化联合信用惩戒工作机制，不断拓宽实施惩戒的广度和范围，最大限度挤压失信被执行人的生存和活动空间；要探索适度的市场化改革，充分论证通过社会组织和民间力量来执行案件，将执行权从国家的垄断中适度释放，向债权人、代理律师甚至社会组织让渡部分执行财产调查权或财产处分权的合理性与可行性，发挥执行参与者的最大潜能。

二是实现上下协同。要充分认识执行指挥中心这个平台的定位和职能。指挥中心是新形势下强化“三统一”执行工作管理体制的基本依托，代表着执行管理的发展方向和现代化水平，必须进一步做强做实，切实发挥其监管作用。要建设好、管理好、运用好执行指挥中心，把指挥中心建设成为执行工作的信息交换中心、指挥调度中心和决策分析中心，建成网络化执行办案平台、执行信息公开平台和案件流程管理平台，真正实现全国四级法院“一盘棋”。

三是实现审判与执行协同。要进一步完善立审执协调配合机制。立案阶段要加强案件信息录入，告知当事人执行风险，提示当事人及时申请保全、先予执行，为案件的后续审理和执行打好基础；审判阶段要加强“审执兼顾”，裁判文书要做到主文明确具体，增强可操作性，避免语句模糊、理解歧义；执行阶段发现执行依据不明确后要及时向审判部门征询意见，审判部门要及时作出相应说明，确保执行的准确性；财产保全程序要明确案件在各部门间移送的规程，各部门分工协作、各司其职，确保保全案件及时移转和实施；执行转破产要做好衔接，依法受理破产案件，使被执行人为企业的“执行不能”案件通过破产清算而彻底退出执行程序。四是实现执行裁判与执行实施的协同。要处理好执行裁判权和实施权的关系，充分论证两者的权力属性，加强相互制约与协调，理顺相互之间关系，成立专司执行实体事项裁判的执行裁判庭，统一行使涉及执行的重大事实和法律争议的裁决权，改变此类争议多头审理、职责交叉的局面，不断提升专业化审判水平，统一法律适用尺度，强化对执行行为的监督制约。

六、专项治理

基本解决乃至根治执行难虽仰赖治本方略，但对于影响和制约执行工作的突出问题、明显病灶，仍须持续下猛药、出重拳，有针对性谋划部署系列专项治理行动，进行集中清理整顿。

（一）进行专项治理的必要性

一是坚持问题导向，既有利于找准影响和制约彻底解决执行难的深层次问题和根源，也有利于为根本解决执行难积累经验。近年来，通过持续巩固系列专项活动成果，深入总结专项活动经验，已经逐步将短期性、临时性专项活动转变为长期性、常态化工作机制，为根本解决执行难积累了有益经验。

二是突出工作重点，有利于集中主要力量解决主要矛盾，避免“眉毛胡子一把抓”。在不同阶段、不同时期，执行实践中存在问题有所不同，不同问题的严重性也有所变化，由此决定了执行工作的目标和任务就会作出相应调整，工作重点必然有所侧重。治本方略虽好，但往往远水救不了近火，必须仰赖专项治理，注重发挥其高度的灵活性、时效性和针对性，对特定时期的突出问题予以有效解决。

三是猛药去疴，有利于为谋划治本方略赢得时间。专项治理主旨在于解决突出问题，如果燃眉之急不能解决且愈演愈烈，必将严重影响大局，基本乃至根本解决执行难将无从谈起。反之，通过开展卓有成效的专项治理，既能帮助解决燃眉之急，也能形成声势，为执行工作营造良好环境。

（二）要切实推进专项治理

一是深入开展反抗拒执行专项行动。要加大打击抗拒执行行为的力度，针对暴力抗法、反抗执行的行为，坚决依法打击，毫不手软。要善于利用已经建立起来的联动打击机制，争取各方面的配合，进一步凝聚打击合力。要依托执行信息化建设成果，充分利用远程执行指挥系统和执法记录仪等装备，为继续执行和依法追究有关人员的法律责任提供充分事实根据，有效化解一直困扰拒执罪追诉中的“证据不足”难题。要加大宣传力度，善于抓典型，以一当十，对典型案例大张旗鼓进行宣传，在全社会形成褒扬守信、惩治失信的强大舆论氛围。

二是深入开展反规避执行行动。要把反规避活动转化为常态工作，深入持久地贯彻落实反规避执行的精神和要求，全面压缩规避执行行为的存在空间，使其无处遁形。要切实发挥被执行人财产报告制度的威慑作用，将其与拒执罪司法解释的构成要件结合，依法追究责任。要探索研究被执行人强制清算制度，对符合特定情形的被执行人予以强制清算，促使其自动履行。

三是深入开展反消极执行行动。治理消极执行和治理乱执行必须坚持“两手抓，两手都要硬”，主要途径是强化人民法院的内部治理，修炼“内功”、强化监督。要加强执行工作的规范化建设，将执行权纳入规范化轨道，关进量身定做的“制度铁笼”。要在执行规范化建设中特别注重执行信息化建设成果的应用，充分运用信息化手段进行智能化管理。要加强执行队伍建设，强化思想政治教育、业务能力教育和廉洁自律教育，对极少数执行人员自我要求不严，存在作风、廉洁方面问题的，要严肃法纪，及时处理。要加强执行监督。构建切实有效的执行工作内部、外部密切衔接的监督体系。

四是深入开展反消极协助行动。凡构成消极协助的，一定要依法采取制裁措施。依照《侵权责任法》的规定，依法支持申请执行人对怠于履行协助义务的主体主张损害赔偿责任。查实银行有违反协助执行义务的，可以依法释明，告知申请执行人享有主张赔偿的法定权利，支持其依法维权。

五是深入开展涉民生案件专项执行。切实贯彻以人民为中心的发展理念，不断总结近年来开展的涉民生案件专项执行行动，建立健全优先执行、主动执行、快速执行的长效机制，切实维护人民群众合法权益。

六是深入开展针对特殊主体的专项执行行动。要深化涉党政机关等特殊主体作为被执行人的专项清理行动，建立健全约谈、综治考核、违纪违法责任追究等长效机制，定期在全国法院系统通报涉党政机关执行案件的情况。同时，通报给相应的地方党委，切实避免“边清边积”。

七是深化反干预执行工作机制。对干预、插手、过问具体案件的行为要做好全面、如实记录，做到全程留痕，有据可查，以便严肃追责。要进一步争取地方党委的支持，通过发送司法建议、纳入综治考评等方式，加大对特殊主体作为被执行人案件的专项清理力度。

第四章 以辩证思维统筹解决执行难

审判执行工作是一项以确定性为基础的工作，故不能不依赖并通过形式逻辑进行运行，司法者也应尽可能做到知中守正。然而，要解决几十年未能解决的“执行难”问题，仅仅依赖形式逻辑是不够的，必须善于运用辩证逻辑，坚持辩证司法观。实现基本解决执行难目标，要统筹兼顾处理好以下各种辩证关系。

一、统筹治标和治本的关系

（一）要立足现实，集中力量解决当前执行工作中的突出问题

近年来，全国执行案件收案数持续以两位数的百分比增长。

随着经济下行对执行案件的影响逐渐显现，各地执行案件数会进一步增加，执法办案的压力会进一步增大。要在现有法律框架内，穷尽各项执行措施，用尽各种执行手段，促进日益增长的有财产可供执行案件的全部或大部分执结，切实解决执行不力问题，这始终是法院执行工作的重点所在。

（二）要着眼长远，积极谋划和推动解决执行难的治本之策

如果经济下行压力持续增大，不仅执行案件数会进一步增加，被执行人的履行能力也会整体削弱，无财产可供执行案件数的绝对数量和所占比重都会有所增加，以所有执行案件为基数计算的执行标的到位率也可能呈现下降趋势。因此，当事人的获得感可能更低，即便人民法院提出如期实现了基本解决执行难的目标，仍难免有人会提出质疑，认为法院是通过增加执行不能案件、甩包袱的方式实现了目标，对其工作成绩不予以认可。为此，必须积极谋划和推动执行难的根本解决，要通过推动社会征信体系建设、完善多元化矛盾纠纷解决、提高诉讼保全适用比例、加大诉讼调解力度等措施，促使当事人自行和解或自动履行，有效减少进入司法程序或者执行程序的案件数量；要通过扩大强制责任保险制度的覆盖范围、完善执行和社会救助制度等措施，借助第三方和国家、社会力量，加大对申请执行人的经济补偿和基本保障力度，促进执行不能案件的顺利解决；要通过建立真正有效的破产制度，依法处置被执行人中的

“僵尸企业”，促进执行不能案件的依法终结，畅通执行不能案件的退出渠道，切实减少执行不能案件的数量。

二、统筹惩戒与预防的关系

（一）要继续加大惩戒力度，坚决打击规避执行的行为

近些年，规避执行问题依然比较突出，人民法院通过持续深入地开展反规避执行等专项活动，加大反规避执行力度，有力打击了规避执行的嚣张气焰，但规避执行问题始终未能根本解决，人民群众反映强烈。为此，人民法院要立足现实，继续高举反规避执行的旗帜，在坚守法治底线的同时，创新反制举措，加大对规避执行的惩戒力度，解决当前工作中的突出问题。

（二）要坚持惩防并举，注重预防

规避执行问题的解决，仅仅依靠加大惩戒力度，难以奏效。首先，执行案件逐年增多，积案数量越来越大，可能规避执行的人员基数不断增加，而执行力量相对固定，相比较而言，惩戒力量越来越不足。其次，道高一尺魔高一丈，被执行人规避执行的方式不断翻新，而惩戒措施的出台存在滞后性；规避执行的时间更加提前，甚至在执行程序开始之前即已完成，执行惩戒鞭长莫及；规避执行的方式更加隐蔽，甚至披上合法外衣，执行惩戒缺

乏法律利器。最后，惩戒措施本身存在局限性，一方面，受边际效力递减规律的影响，随着惩戒措施的不断采取，效果将逐渐削弱；另一方面，不规范使用、甚至滥用惩戒措施的情况难以避免，导致反规避执行效果大打折扣。为此，人民法院要着眼长远，注重事前预防，通过加强预防，引导潜在的规避执行主体走上诚信守约的道路，减少规避执行行为的发生，促进诚信社会建设。具体而言，就是要构建让债务人不想规避、不能规避和不敢规避的制度体系。一是要加大对守约履行行为的正面宣传，培育社会主义核心价值观，促进诚信社会建设，提高社会的诚信意识；推广健全人民调解、行政调解等社会纠纷化解机制，加大司法对人民调解的指导和支持力度，强化司法调解，完善人民调解、行政调解、司法调解联动工作体系，形成调解工作合力，促进社会纠纷的及时和谐解决，构建债务人不想规避的机制。二是要参照国外立法经验和《破产法》的相关规定精神，探索建立允许债权人针对债务人在起诉之前三年或者更长时间内恶意减少责任财产的行为提起撤销诉讼的法律制度，打击债务人在诉讼之前逃避、规避执行的行为；通过减少不必要的担保和创新财产担保责任保险等担保方式，降低诉讼保全门槛为保全可供执行财产提供更多便利；利用网络查控系统前移诉讼阶段，提高债权人获得债务人财产信息的能力，进而提高财产保全比例，防止债务人在诉讼阶段逃避、规避执行；进一步完善网络执行查控体系，确保查控体系能全部有效覆盖债权人财产可能存在的处所，让被执行人在执行阶段的财产无处可藏，构建债务人诉前、诉中、诉后不能规避的制度体系。三是要以加大惩戒力度为威慑，建立在诉讼中向债务人释明不得规避执行的具体情形以及相应法律后果的制度，以强化责任追究为后盾，进一步完善被执行人的财产报告、核实制度体系和变更追加被执行人制度，通过加大反面典型的宣传力度，扩大强制威慑的影响力，构建被执行人不敢规避的机制。

三、统筹务虚与务实的关系

（一）基本解决执行难是一场没有退路的战争，许胜不许败，必须在战略上，藐视困难，振奋精神，坚定信念

多年来人民法院为解决执行难问题采取了不少举措，取得了一定进展，但始终没有根本解决。最高人民法院提出用两到三年时间基本解决执行难问题，有的人对于能否实现这个目标持观望、怀疑甚至悲观的态度。事实上，能否在两到三年内基本解决执行难，直接关系到人民法院对全国人民的承诺能否兑现，直接关系到司法的公信力和法律的权威，直接关系到党和国家“第一个百年目标”能否如期实现。人民法院的执行干警必须充分看到各方的有利条件，坚定必胜的信念，全力以赴，誓夺最终的胜利。一是执行工作抓住了办好中国事情的关键，获得了党中央和各级党

委、各级法院党组前所未有的重视和支持。中央全面深化改革领导小组审议通过了联合惩戒失信被执行人的纲领性文件，就是一个有力例证。二是执行工作得到了政府、人大、政协和社会各界的大力支持和鼎力配合，执行联动机制建设不断深化完善，理解执行、尊重执行、协助执行的广泛共识正在逐渐形成，执行工作的外部环境日益优化。三是近些年执行工作取得了迅猛发展，在各方面取得了突出成效，有了丰富厚实的实践积累，执行难得到了明显缓解，为基本解决执行难奠定了坚实基础。四是执行工作已经找到了正确思路，近些年的实践证明，大力推进执行信息化、规范化和职业化建设，采取坚决的反规避、反干扰、反消极协助、反消极执行、反滥执行等措施，对于执行工作的推动作用显著，为基本解决执行难指明了正确方向。五是执行工作虽然还面临很多难题，但针对被执行人难找、执行财产难寻、协助执行人难求、应执行财产难动、执行财产难卖等重大难题，依托信息技术手段，基本找到了切实可行的解决办法。总之，要大张旗鼓地宣传这些有利条件，传递必胜的信心，鼓舞队伍的士气。要善于利用这些有利条件，厚植优势，积少成多，将优势最终转化为动能。

（二）基本解决执行难是一场历史性硬仗，不可能一蹴而就，必须在战术上重视困难、脚踏实地、攻坚克难

当前，存在三种脱离实际或者片面理解基本解决执行难的认识和作法，有必要予以纠正。一是有地方法院对工作目标理解不全。一些地方法院机械思维，将基本解决执行难的总体目标和评价标准简单地理解为结案率或者标的到位率等客观数值。实际上，基本解决执行难的总体目标和评价标准，是一个有机系统。人民法院既要集中力量解决有财产可供执行案件的执行不力问题，促进此类案件的全部或大部分执结，提高标的到位率等指标，又要加强执行不能案件的单独管理，严格认定标准、畅通恢复机制、加大强制力度，提升此类案件的办理效果，避免引发人民法院甩包袱的猜疑，还要采取有效措施，惩治消极执行、规避执行等法院内外各类失范乱象，并进一步加强作风建设，深化执行公开，进一步增强司法公信力、树立执行权威、提升人民群众对执行工作的满意度。要在两到三年内实现这样一个复杂多元的目标体系，任务艰巨，责任重大，务必多措并举、统筹兼顾，全面推进、重点突破。二是有的地方法院工作作风不够扎实。有的地方法院宣称要率先实现目标，其中包括一些执行工作基础并不扎实的法院，对于这种不畏困苦、迎难而上的强烈进取心，要予以充分肯定，但是否基本解决执行难，并非法院自己说了算，还要经受当事人、人民群众的检验，务必要发扬求真务实的作风，立足实际，稳扎稳打，切忌贪求虚名、浮夸虚报、搞大跃进。三是有的地方法院工作方法不够妥当。有的地方法院将基本解决执行难错误理解为一次大型活动，只限于大搞突击执法、运动式执法。这种集中力量解决现案和突出问题的努力值得肯定，但基本解决执行难不能满足于执行难的临时解决，而是要让执行难作为一种普遍现象不复存在，让执行难彻底成为历史名词。为此，必须依托制度具有的根本性、全局性、稳定性和长期性特点，努力建章立制，依靠加强制度建设，来保证基本解决执行难工作目标的如期实现。

基本解决执行难，要虚实结合，虚实相济。一方面，要抓好务虚，做好舆论宣传工作。要引导全社会理性认识执行难，弄清执行不能并非法院一家之责，需要依靠全社会共同努力解决，从而争取全社会对执行工作，特别是对人民法院加强对执行不能案件甄别管理工作的理解和支持。要坚持正反两方面宣传，既要宣传执行工作在各方面取得的成绩和成效，又要介绍执行工作中遇到的困难和问题，引导社会理性客观地评价执行工作，营造良好的外部舆论环境。要坚持横向纵向全方位联动宣传，加强法院内部的上下联动，上级法院要加大对下级法院宣传工作的指导和统筹力度，适时开展全国性、区域性活动，形成宣传合力；加强法院内外联动，采取有力措施，创新工作方法，增强与人大代表、政协委员、律师、学者、金融机构、行业协会等特定人群的交流学习和沟通协作，积极争取他们对于基本解决执行难各项工作的理解和肯定，壮大主流声音，形成社会共鸣。要坚持理论与实践相结合，既要全面深入报道实践中的典型案例、经验作法和问题成效，又要组织力量，加强理论研究和探讨，尤其要宣传借鉴国外行之有效的制度化举措，加强本土化研究和试验，凝聚世界智慧，为解决执行难提供理论支持。另一方面，要真抓实干，务求执行工作取得实际效果。没有扎实工作为基础，再好的宣传都只是空中楼阁，难以经受历史和人民的检验，最终效果必将适得其反。基本解决执行难，要着重在以下几个方面稳扎稳打，务求实效。一是尽快完善信息化建设。信息化建设取得的成绩，对于执行工作的发展具有巨大推动作用，尤其是网络查控系统建设，对于执行效率的极大提升、案多人少问题的有效缓解具有关键作用，这也是执行宣传工作的重点。当前，信息化建设的功能还不够齐全，在推广使用中还存在一些问题，距离宣传的预期效果还有一段差距，应尽快完善到位。二是切实强化责任追究。法院内部存在的消极执行、乱执行、寻租执行等执行失范、执行违法情形，是造成执行难的重要原因之一。加强法院内部监督、加大责任追究，是解决问题的有效办法。当前，执行工作在这方面存在雷声大、雨点小、不动真格、未见真效的问题，为此，必须采取有力措施，构建硬性制度，扎实推进。三是持续加强思想工作。思想是行动的先导。思想工作关系到执行队伍的作风，关系到人民群众对执行工作的满意程度，关系到基本解决执行难目标的如期实现。当前，因执行工作任务艰巨繁重，一些地方法院在思想工作方面存在“说起来重要、做起来次要、忙起来不要”的问题。为此，在解决执行难的司法实践中，要持之以恒地做好执行干警的思想工作，真正把干警的思想和行动统一到党的十八届四中全会决定和最高人民法院解决执行难的工作部署上来，切实发挥思想工作对于振奋精神、坚定信心、改善作风、促进工作方面的积极作用，进一步提高人民群众的满意度和获得感。

四、统筹信息化建设与队伍建设的关系

（一）要全力推进执行信息化建设，为基本解决执行难提供技术保障

没有信息化，就没有现代化。信息化建设是实现执行体系和执行能力现代化的必然要求。近些年，人民法院全力推进执行信息化建设，取得了突出成效，比如建立和完善网络执行查控系统，极大提高了执行效率、扩大了财产查找范围，有效缓解了执行财产难寻和协助执行人难求问题；建立健全对失信被执行人的联合信用惩戒系统，据统计，促使约10%的被执行人自动履行或者与申请执行人达成了执行和解；建立推广网络司法拍卖制度，有效缓解执行财产难卖问题并实现了网上拍卖“零投诉”的良好运行状态等等。实践证明，信息化建设对于解决执行难具有极大的推动作用。要继续快速推进信息化建设，促进信息化建设的转型升级，推动信息化建设与执行工作各个方面的深度融和，让信息化建设在基本解决执行难过程中发挥更大作用。

（二）要着力加强队伍建设，为基本解决执行难提供人力保障

一方面，要充分认识队伍建设对于基本解决执行难的重要作用。信息技术具有自身局限性，不能解决所有执行难题，不能确保执行结果令人满意。比如网络执行查控系统财产查控范围不可能无限扩大，仍有一些财产形式游离于系统之外，容易为被执行人抓住空子隐匿财产；信息化建设的功能发挥与当地经济社会发展水平息息相关，在一些落后地区、农村地区容易大打折扣；信息化建设的发展依赖于相关协助单位的信息化发展程度，如果协助单位信息化发展落后，尚未形成网上信息数据或者实现网络办公，网络执行查控系统和联合信用惩戒系统都将无法推进。为此，必须持续加强执行队伍建设，通过优化和完善执行流程，弥补执行结果的不尽如人意，努力争取当事人和全社会的理解和支持。此外，执行队伍的清正廉洁、作风优良，直接关系到执行队伍在人民群众中的司法形象，关系到人民群众对执行工作的满意程度，关系到基本解决执行难工作目标的如期实现。在解决执行难的过程中，如果执行队伍建设跟不上，形象作风不转变，即使采取了有效执行措施，取得了良好数字业绩，人民群众也不认可，执行难问题不可能有效解决。相反，如果执行队伍建设做得出色，执行人员全都依法依规、尽职尽责，即便有部分案件执行不到位，当事人也能接受，也能理解。另一方面，要进一步加强执行队伍建设。要加强思想政治建设，确保执行队伍有一个良好的精神状态，确保执行工作的正确方向；加强廉政建设，懂得“100-1=0”的道理，完善不敢腐、不能腐、不想腐的各项机制，确保队伍清正廉洁；加强队伍作风建设，牢固树立“作风建设永远在路上”的意识，完善各项亲民便民措施，坚决防止“四风”问题反弹回潮；加强执行规范化建设，通过借力信息化技术、完善司法解释体系、强化执行监督，解决消极执行、乱执行等执行失范问题；加强队伍能力建设，将提高队伍能力摆在更加重要的位置，尤其要提高队伍信息化运用能力。

五、统筹发扬传统和改革创新的关系

（一）要善于总结经验，汇集全国执行干警的智慧

大智兴邦，不过集众思。多年来，全国各级人民法院在全面推进执行信息化、规范化、职业化建设等各方面进行了积极探索和艰辛努力，积累了许多好的经验和作法，为推动工作发展、破解执行难题作出了积极贡献。各地法院要善于从丰富的执行实践中，概括归纳规律性的东西，将之提炼总结为经验作法。最高人民法院要深入挖掘各地尤其是基层法院的宝贵经验作法，及时研究总结，选择切实可行、行之有效、可复制、可推广的作法，以制定司法解释规范性文件、召开“执行大讲堂”等适当的方式向

全国推广。最高人民法院要积极搭建平台，为各地法院介绍和交流经验作法提供有利条件。

（二）要秉持创新发展理念，鼓励改革创新

改革创新是解决执行难的根本动力、第一动力。当前，执行工作管理体制和执行权运行机制还没有完全符合执行工作的客观规律，深入推进改革势在必行。党的十八届四中全会对此提出了明确要求。司法改革正进入攻坚期、深水区，以信息化为依托的执行工作模式现代化变革正在深化推进，被执行人逃避执行、规避执行的手段不断花样翻新，执行工作面临的新情况新问题层出不穷，仅仅依靠既有的老经验、老做法，恐怕力有未逮。为此，必须牢固树立和践行创新发展理念，坚持问题导向，立足实际，勇于探索，稳妥推进司法人员分类改革和审执分离改革，进一步释放改革红利，促进执行机制、方式方法的创新，为解决执行难增强内生动力。

六、统筹反面激励和正面激励的关系

（一）要加强和善用反面激励措施

近些年，人民法院通过持续开展“一打三反”专项活动并推动其常态化发展，不断加大惩戒力度，厉化惩戒措施，取得了一定效果，规避执行、抗拒执行、干扰执行的情况有所缓解，但恶意转移、处分财产等规避执行现象仍很突出。为此，要继续加强惩戒，加大反规避力度，完善信用惩戒体系，解决当前规避失信成风的突出问题。同时，要理性、辩证地看待强制惩戒的效用，不能过于迷信强制惩戒的效用。一些地方一味追求加大强制惩戒力度，导致违规惩戒、滥用惩戒的情况时有发生，造成了一定负面影响。展望未来，随着执行案件数不断增加，被执行人的总量将越积越大，如果过于强化强制惩戒，惩戒对象数量将很快从几十万上升到几百万甚至更多，巨大量变难免引起质变，最终引发社会评价的逆转，导致强制惩戒制度的受限乃至被废止。为此，必须慎用刑罚，节约用刑，学会巧抓典型，借助宣传，扩大影响，做到以儆效尤、以一当十。

（二）要特别注意发挥正面激励的作用

在强制执行领域，虽然被执行人赖账意图明显的反面教材相对较多，但也有被执行人诚实守信、克服种种困难而积极履行裁判义务的正面典型。当前，正面典型的宣传仍然是宣传工作中的薄弱环节，亟待加强改善。要深入挖掘实践中被执行人积极主动履行义务或者多方筹措资金还债等正面的典型案例，通过开展模范评选、召开典型案例发布会、加大个案宣传力度等措施，切实发挥正面激励的作用。孔子说，道之以政，齐之以刑，民免而无耻；

道之以德，齐之以礼，有耻且格。我们要通过正反两个方面的激励，进一步教育和警示世人，推动形成诚信光荣、失信可耻的社会道德风尚，为基本解决执行难营造良好的社会环境。要加快执行担保等重要司法解释的出台，为相关工作提供强大的规则支持。要全力推进信息化建设，进一步完善网络执行查控系统和联合信用惩戒系统建设，尤其要尽快扩大可网上扣划存款的银行范围，确保执行人员足不出户扣划到银行存款，真正实现执行效率的极大提升。要加强对执行体制改革整体方案的研究论证，尽快出台科学合理的顶层设计，促进执行权的良性运转，进一步稳定军心、提升士气。要抓好执法办案第一要务，高效、公正审查每一个案件，力争把每一个案件办成精品案件，把每一份文书制成精品文书，借助裁判文书公开，促进执法尺度的统一，提高全国法院执行案件办理和文书制作水平。要进一步加强执行监督指导。执行不同于审判，其上下级法院之间的关系更加紧密，上级法院对下监督的职责更加重大。最高人民法院要摒弃一团和气、大事化小、小事化了的和稀泥做法，牢固树立“严是爱、松是害”的理念，充分认识到法院内部监督的弱化失声，必将错失尽早发现解决苗头性、倾向性问题的良机，必将带来外部监督的强势发力，造成执行工作的被动不利。要加强对各地落实基本解决执行难实施方案的督促检查，确保各项工作部署及时有序推进。要加强对一线工作的调查研究和监督指导，确保方向正确，形成合力，避免相关部署走偏走样。要进一步加强监督案件办理，强化此类案件的实质审查，对疑难案件，必须深入实地调查，查清案件事实真相，理清法律关系，作出明确判断，切实发挥监督效用，切忌人浮于事、就案办案，大量函转结案，不求实际效果。要坚持有错必纠，有责必问，借助全国四级法院统一办案平台，强化主动监督和全面监督意识，对于违法违纪和执行失范行为，坚决问责，绝不姑息。要充分利用执行约谈、综治考核、定期通报等机制，切实加大监督力度，将执行权关进制度之笼。

第五章
坚持改革创新推进解决执行难

近年来，破解执行难工作不断取得新进展，但总体来看，执行难远未得到切实解决。要进一步更新执行理念，推进执行体制制度机制改革，以更加宽广的思路，探寻更加有效的解决执行难举措，坚决打赢破解执行难这场硬仗。

一、执行改革创新要以制度建设为根本

“两到三年基本解决执行难”的出发点和实质，绝不仅仅是一场又一场的清理积案活动，而是两到三年以后恒久的解决执行难问题；不仅仅是用两到三年消灭现有的执行积案，而且是要保证

两到三年后每一年都不能再有执行积案发生；不仅仅是人民法院自身竭尽全力解决执行难，而且是要取得全社会对人民法院解决执行难的认同和支持。因此，基本解决执行难过程必然伴随着执行制度的深刻变革。要实现上述目标，固然需要保持昂扬斗志和满腔热情，但从根本上要依赖于建构一整套优良制度体系和长效机制，通过一系列的制度设计和配套措施建设，实现执行工作的现代化转型和可持续发展，使执行难真正成为历史。同时，改革创新最终的成果必定会形成若干制度或制度群，经由制度建设进而推动改革的有效实施，改革的成果如不以制度予以固化，就不具有可持续性、可复制性。

由于我国目前还没有制定强制执行法，执行制度只能通过《民事诉讼法》作出安排，但由于篇幅和体例限制，法律中的执行法律规范不可能足够详细和全面系统，很多问题仍需要通过司法解释加以规范。尽管最高人民法院在执行法律制度建设方面，付出了艰苦的努力，取得了不少成果，学术界和实务界也付出了大量心血，但执行难多年来仍未能得到根本解决，说明我们现有的执行制度仍然存在短板，尚不足以为基本乃至根本解决难提供充分制度保障。要实现基本乃至根本解决执行难的目标，有赖带有根本性、全局性、稳定性、长期性的系统制度建设。因此，执行改革创新要准确把握制度建设的规律和特点，不断优化执行制度。

（一）要从治理现代化高度完善制度建构

党的十八届三中全会提出实现国家治理体系和治理能力的现代化，生效裁判权利的兑现本质上属于法律实施范畴，应属于国家治理体系的重要组成部分。从国家治理体系和治理能力的现代化高度入手，完成执行难治理，构建更加完善、更加优良和更加有效的制度体系，归根结底是要实现执行制度的现代化，对执行制度做出更加科学的安排。执行制度的现代化是在尊重执行规律基础上，通过健全和完善法律规则、执行程序、实施机制和科学体制为基础的治理体系，促使执行制度更加成熟、更加稳定、更加管用，切实做到“五化一性”，实现执行制度向更高水平发展。一要实现制度民主化。法律制度设计应充分反映绝大多数人的利益和意志，体现现代民主精神和民主参与理念，增强执行主体的民主意识，让当事人具有更多获得感。这就要求执行制度和程序设计要坚持以人为本，既要强调履行义务也要充分保障权利，体现对各方参与主体的关怀和激励。二要实现制度良善化。良善化的执行制度，在合正义性上，能够兼顾程序正义和实体正义，实现国家执行权力和当事人权利义务公正合理的分配；在合目的性上，制度建设不能背离出发点；在合道德性上，要合理考量人民群众的合理预期与价值判断；同时，良善化的制度还要符合党和国家的总体目标，体现中国应有的需求和特色。三要实现制度科学化。科学的执行制度应该具有顺应执行工作发展规律的品格，符合法律的正义价值和效率价值，有助于形成不同主体之间差异性和共通性的平衡。科学的执行制度也要融合信息化、智能化和能动化要求，能够通过信息化手段，以智能化方式，以能动性满足执行程序参与者对司法的不同需求。四要实现制度法治化。法治化要求我们实行规则治理，通过制定体系化的法律制度，不断建立和完善各种执行制度群，实现对私权利的保护，对公权力有效制约，保障法律适用的确定性、安定性和统一性。五要实现制度定型化。定型化的执行制度也必然是系统化、成熟化的执行制度。作为制度本身，首先应具有协调性，制度内部不存在矛盾和冲突;其次，具有适应性，制度内容与我国国情和实际情况相符合；再次，具有开放性，制度本身要与时俱进，能够适应实践不断发展变化的情况。六要保证制度可实施性。法律制度本身要具有可实施性，要找到制度的内在实施动力，任何制度要发挥作用，不能光靠外在的监督，制度本身必须具有可操作性、可监督性和可问责性，通过法律规范本身的具体性和程序化机制，创造执行制度实施的条件和环境。

（二）要坚持五个结合进行制度优化

推进关键性执行制度的建构，要处理好五方面关系。一要坚持问题导向和系统思维相结合。不仅要坚持问题导向，还要有系统思维。制度设计既要抓住重点，善于发现问题、提出问题、研究问题，加大制度设计的针对性，通过推动执行领域重大难题的解决，完成制度积累。也要运用系统思维构建多元化的配套制度体系，强调执行内外部组织制度和行为主体之间的关联性和相互依赖性，建立多向度的互动协调的规则、程序和机制。二要坚持公平与效率相结合。从整体上考虑公平和效率价值取舍，坚持公平的同时，更要强调效率，不断对效率和公平价值失衡的执行制度进行研究检视，注重从规则公平、权利公平和机会公平的视角对当前执行制度加以改造。三要坚持个案正义与制度正义相结合。法律不是穷理尽性之书，要关照大局，对社会关系和利益调整应有所取舍。解决执行难的过程，也是从个案正义上升为制度正义的过程，要实现个案正义与制度正义的平衡，不能为个案正义牺牲制度正义。四要坚持信息化与智能化相结合。充分利用信息化手段，发挥大数据对制度建设和制度运行的促进作用，构建监控和改进制度效果的管理平台，改变传统执行方式，保证制度更加有效实施。五要坚持国内实践与国外经验相结合。既要善于总结我国多年来在执行方面的经验教训，认真提炼各地法院的成功经验做法，又要善于借鉴国外解决执行难问题的有益探索，做到有机结合，为我所用。

二、执行改革创新要正确处理几个方面的关系

党的十八届四中全会通过的《中共中央关于全面推进依法治国若干重大问题的决定》提出："完善司法体制，推动实行审判权和执行权相分离的体制改革试点。"深入开展审执分离试点工作、加快推进执行体制机制改革，需要准确把握新时期执行工作的基本规律和人民群众的新要求新期待；坚持系统思维、辩证观点，坚持标本兼治、多措并举，坚持整体推进、重点突破；以问题为导向，以改革为动力，以质效为抓手，以制度为保障，不断提升执行工作能力和水平。具体而言，要处理好以下几对关系：

（一）问题导向与系统思维的关系

人类任何改革创新都源于非理想的现实，使现实达到相对理想或可欲状态。只有针对问题或弊端的改革才能事半功倍。不针对问题的改革犹如切掉完好的器官而留下有癌细胞的器官。故改革创新首先要坚持问题导向。也就是要树立强烈的问题意识，秉持求真务实的科学态度，具有发现问题的敏锐，正视问题的清醒，解决问题的自觉。改革是一个不断破除机制体制弊端的过程。执行工作实践中的问题是执行改革创新的出发点。因此，只有在改革过程中勇于发现问题、敢于提出问题、善于研究问题，增强体

制制度机制创新的针对性，通过推动执行领域重大问题的研究和探索，才能实现执行改革创新从量变到质变的飞跃。

面对复杂的执行难问题，仅仅“头痛医头，脚痛医脚”是难以彻底解决问题的，必须进行综合治理、系统治理和源头治理。而要这样做，就必须坚持系统思维。也就是要把执行改革作为复杂的系统工程，强调改革布局的系统性、整体性和协调性，改革措施的协同性、综合性和可操作性，统筹推进重点领域和关键环节改革，把握改革的各种构成要素，努力优化执行权结构，处理好执行改革和其他改革的横向关系，综合动态考量改革内部的纵向关系。只有坚持系统思维，科学统筹推进各方面改革措施的良性互动，协同配合，才能进一步优化配置审执资源，才能充分发挥执行体制制度机制的整体功效，才能取得最佳改革效果。

坚持问题导向与系统思维是相辅相成的。推进执行体制改革是解决执行难的内在要求。找准问题是决定改革成败的基础，坚持系统思维则是取得改革预期成效并使改革成效具有可持续性的保障。兼顾问题导向和系统思维，综合推进执行改革，才能整合执行力量，强化执行保障，为实现基本解决执行难的目标提供根本保障。

改革推进中，把握好问题导向和系统思维的关系，要在推进改革试点工作中求真务实，在基本解决执行难的工作部署中不断总结经验教训，用科学的方法分析研究事关执行体制改革的关键领域和重大问题，力求廓清性质，找到症结，从具体改革实践中总结规律性认识；要注重执行改革与其他任务目标之间的关联性、协调性和衔接性，做好改革的具体任务分解，把握好改革力度和节奏；要实现各项改革目标和制度措施之间的统筹兼顾，协调推进员额制、警务保障等配套改革，使各项改革措施在取向上相互配合、实施过程中相互促进，实际成效上相得益彰。

（二）执行改革的合目的性与合规律性、合法性的关系

合目的性是指通过解决制约执行工作健康发展的深层次问题，优化配置执行权力，整合执行工作资源，提高执行能力，下大力气解决执行不力、消极执行、选择执行等问题，切实提高案件执行效率和当事人债权实现比率，增强人民群众的获得感和对执行工作的满意度，为基本解决执行难奠定民意基础和实践保障。

合规律性、合法性指向执行工作的终极价值追求，是不断认识和把握执行工作的发展规律，遵循法律规范办案，按照客观规律办事，不断完善执行法律制度体系，推进执行制度科学化、定型化和法治化。只有关注改革合目的性的同时注重改革的合规律性与合法性，通盘考虑执行工作的多元价值目标，努力做到公平与效率的平衡，充分获得全社会的支持和认同，才能确保改革创新顺应执行工作发展规律，实现改革创新的可持续性。

合目的性与合规律性、合法性有机结合是确保执行改革成功

的关键。只有依宪依法推进执行改革创新，才能落实全面依法治国的基本要求。只有实现合目的性与合法性、合规律性高度统一，才能保证各项改革措施不逾越审执分离改革的基本框架，确保改革在法治的轨道上前行。

改革推进中，当合目的性与合法性、合规律性之间发生冲突时，应当坚持合法性优先；试点改革方案落实过程中，要保障服务基本解决执行难这个大局，确保执行各项制度建设不偏离出发点，同时改革要体现改革方案的合正义性；要切实做到法律红线不可触碰、法律底线不可逾越，实现国家执行权力和当事人权利义务公正合理的配置，合理考量人民群众的预期与诉求，确保改革措施和成果充分体现人民意志、保障人民利益。

（三）主动作为与社会协同的关系

主动作为要求人民法院在充分总结试点经验基础上，推广、完善和运用各项改革措施，练好内功，勇挑重担，深挖内部潜力，自身不断进行体制机制的创新探索，发挥好执行改革的主力军作用。

社会协同要求始终坚持党的领导，确保执行改革在党委、政法委领导下有序开展，积极争取有关部门和地方的支持，动员和凝聚全社会力量广泛参与，完善执行联动机制，营造良好的外部环境，最大限度凝聚推动执行改革的强大合力。只有坚持社会协同原则，善于借助外部力量，凝聚共识，汇聚力量，才能广泛动员一切积极因素和有生力量，深入推进执行体制机制改革各项措施落地生根。

执行改革创新是一项需要社会各方参与的系统工程，其成功必然是内因与外因共同作用的结果，主动作为和社会协同缺一不可。人民法院要克服依赖惯性思维，充分发挥主观能动性，解决法院自身体制、机制弊端，对存在的各种问题，要积极采取有力措施，推进整改落实。

改革推进中，我们要积极推进“党委领导、人大监督、政府支持、政法委协调、法院主办、部门配合、社会各界参与”的基本解决执行难工作大格局，协同推进完成执行改革的各项任务。人民法院对自身不能解决的问题，既要主动沟通协调，又要主动及时向当地党委、党委政法委汇报，在党委、党委政法委领导下统筹解决。

（四）整体推进与重点突破的关系

整体推进是基于执行改革的复杂性，在坚决贯彻落实中央关于改革的总体思路和基本精神前提下，对于机构设置、人员管理、案件分工、程序运行机制、权力分配机制等多个层面改革，依据试点方案，综合考量，统筹改革各项配套制度，实现整体推进。

重点突破是指抓住改革难点、突出改革重点，集中精力破解影响整体改革工作推进的瓶颈，稳妥开展执行权和审判权相分离、执行管理体制、执行机构设置和执行办案机制改革和执行方式方法创新，以点带面，兼顾多样性和务实性，注重解决面临的突出问题，提高改革工作精准化、精细化水平。

只有兼顾改革的整体推进与重点突破，才能适应不断发展变化的形势，区分不同地区实际情况，分类推进，对症下药，探索适合本地实际情况的改革模式和措施，进一步释放改革红利，增强执行工作发展的内生动力。

改革推进中，要抓改革统筹谋划。加快推进执行改革的顶层设计，对改革工作进行整体部署，确保各项改革协同推进。要抓改革试点，做好试点改革方案的制定和报批，坚持于法有据，符合相关法律规定和工作实际，严格落实试点改革方案，科学评估试点改革成效,及时推广复制试点经验。要抓改革难点,补齐短板,对于尚未推出的改革要加快突破推进，对已经推出的改革要加快落实落地。要抓改革重点,既要抓重点领域,重要任务和重要举措,又要抓关键主体，关键环节和关键节点，以重点带动全局。

（五）监督制衡与强化保障的关系

监督制衡是基于执行机构上下级之间的垂直关系，以统一管理、统一协调和统一指挥执行管理体制为抓手，以执行权和审判权科学的分离模式为核心，强化审判权对执行权的横向制约，理顺上级法院对下级法院的纵向管理，完善当事人对执行权的程序监督。

强化保障是在推进执行改革及员额改革过程中，围绕基本解决执行难工作的现实需要，为执行团队化工作机制提供充分员额保障、优良的制度保障和人才保障。只有不断优化执行队伍整体结构，充分调动法官、法官助理、书记员、司法警察等各类主体的积极性，才能凝聚力量，实现各种资源优势互补，推动改革创新各项措施落地生根。

实现监督制衡与强化保障统筹兼顾，只有坚持两手抓，两手都要硬，才能实现反向激励和正向激励相结合，不断完善有利于执行权监督管理制度、机制和体制，把执行权关进制度之笼，充分调动改革主体的主动性和创造性，激发出改革创新的强大活力。

改革推进中，既要通过审判权制约执行权，也要重视以权利制约执行权，还要强调上级法院执行权对下级法院执行权的指挥、协调和统一管理，实现程序监督和执行管理并行不悖，内部制衡和外部监督同时发力；既要强调权力主体履行职责和义务，对公权力进行有效制约，又要充分保障改革主体享有权利，在执行法官入额与人员转警等方面统一标准，落实政策；要充分考虑对各方参与主体的关怀和激励，既要加大执行队伍建设，打造一支正规化、专业化、职业化的执行队伍，也要增强执行干警的政治意识、大局意识，确保改革的正确方向。

（六）运用传统方法与现代手段的关系

运用传统方法是不断传承源于执行实践的成功经验，发扬执行工作协调统一和服从指挥的优良传统，总结提炼长期形成的工作模式和方式方法，服务创新、助力改革。

现代手段是依托大数据和信息化优势，通过运用科学的思维方法和现代化的科技手段，以信息化建设为抓手，完善以执行查控体系为核心的执行指挥系统，弥补传统执行手段不足，深化执行措施，拓展执行范围，实现执行模式的根本性变革。

传统方法与现代科技手段相结合是执行改革的驱动器。实践表明，现代手段应用改变了传统执行模式和工作机制，极大地推动执行改革向纵深发展。执行信息化建设越深入、越快速，成效越早显现，就越能看清需要改革的症结和必须改革的实质内容，有利于厘清审执关系改革的正确走向，而且有助于裁判权和执行权关系的顶层设计和模式选择。

改革推进中，要通过执行信息化建设转型升级，实现改革与信息化的深度融合，通过现代科技手段，以智能化方式，切实提高执行能力，提高正确认识和把握大局能力、运用法治思维、法治方式开展工作的能力、科技应用能力和执法办案能力。

（七）立审执相分离与立审执协调配合的相互关系

立审执相分离是指立案、审判和执行程序各自独立，定位科学，职能明确，分工合理，制约有力。完善立审执相分离体制是司法改革和执行体制改革的应然要求和基本内容，有利于构建科学的司法权运行机制，审执部分互不干扰。

立审执协调配合是打通立案、审判、执行程序之间的过度分工形成的壁垒，构建回应型衔接通道，保障不同程序之间衔接顺畅，运行高效、便民，进一步激发审判团队活力，提高审判案件质效。防止诉讼制度的割裂和脱节，弥补程序缝隙，保持每个程序环节协调配合。

要以辩证的眼光兼顾立审执分离与协调衔接配合的相互关系。不仅要实现执行自我变革，也要实现立案和审判体制、机制变革，重塑立审执相互关系，只有实现立案风险告知充分，案件信息真实共享、法律释明主动，程序引导及时，保全措施到位，裁判内容准确，才能实现程序无缝对接，实现执行难的源头治理。

改革推进中，要推进审判资源的结构性调整，实现审判组织扁平化管理，建立法官为主导的执行办案机制；要以执行信息化建设为依托，充分发挥不同诉讼阶段的优势和作用，优化强制执行区域协同网等举措，打造审判兼顾执行、执行优化审判的良性格局；要利用网络执行查控系统加大诉前保全和诉讼、执行程序的衔接，加强以保全促执行的力度，强化被执行人财产报告义务，做好执行程序和破产程序的合理转化。

（八）集约化、团队化管理与分类管理、落实司法责任制的关系

集约化、团队化是实行以执行法官为主导，法官助理、执行员、书记员、司法警察等辅助人员在法官指挥下分工合作的团队化工作机制。团队化管理模式既奠定了执行权集约化行使的基础，又契合执行权的本质属性以及法院人员分类管理和落实司法责任制的基本要求，有利于预防执行不力，有效避免权责脱节，提高办案效率和执行权威。

司法责任制以明晰的审判组织权限和审判人员职责为基础，以有效的审判管理和监督制度为保障，将履职保障和失职惩戒有机结合。对于组成执行团队不同人员，明确其相应职责，根据各自权限实行分类管理。

执行权的集约化行使和人员的团队化管理是执行改革创新的重要组成内容。集约化、团队化工作机制与人员分类管理相协调，只有合理界定执行机构权限，明晰执行裁判和实施职能，开列权力清单，以权定责，才能在执行工作中真正落实分类管理和司法责任制。

改革推进中，要落实团队化管理和司法责任制，要在科学分工的基础上，细化团队成员的权力位阶与责任属性，充分发挥不同主体的角色作用；要将相对复杂的财产调查、处置、分配、交付等工作交团队完成，合理利用每个成员的知识和技能协同工作；要利用执行信息化手段，以标准化、可视化的方式，集约完成财产查控、文书送达等事务性工作，并根据工作性质和岗位特点提供履职保障和设定责任。

（九）执行规范化建设与执行信息化建设的关系

执行规范化建设，是改善执行队伍形象的重要举措，建立执行规矩、切实将执行权运行纳入法治化轨道的基础。规范化囊括了健全执行规范体系、严格管理执行案件信息、严格落实失信被执行人名单制度实施信用惩戒等全方位、多环节的内容。

执行信息化建设是执行改革的物质保障，执行体系和执行能力现代化的必然要求，是紧密依托现代科技手段，实现执行模式的根本性变革。执行信息化建设取得了令人瞩目的成绩，极大促进了办案效率的提高，特别是通过联合信用惩戒，增强了执行权威。

规范化建设和信息化建设如执行改革创新鸟之双翼、车之两轮。信息化建设为规范执行提供了物质条件保障，成为规范化建设的重要抓手和技术保障。规范化建设为信息化建设的安全、可靠、稳定、有序提供了制度支撑。只有实现两个建设深度融合，才能依靠严格的制度保障执行信息安全，依托信息化建立健全跨部门协助执行、跨区域协同执行工作大格局。

改革推进中，要实现规范化建设和信息化建设齐抓共管。要抓人员、抓案件管理，实现依法、规范、文明执行，通过全方位建章立制，压缩“执行不作为”和“执行乱作为”空间，确保执行权规范、有序运行；要进一步加强执行规范体系建设，抓紧制定和修订司法解释，推动出台强制执行法，为执行改革创新提供体系完备、结构科学、覆盖全面的制度支撑；要依托执行案件信息流程管理系统严格规范执行行为，加强节点监控，实现执行案件流程在网上全程留痕、全程监督，切实以规范化促进提升执行质效，对执行程序进行精细化管理。

（十）体制机制创新与制度完善的关系

体制机制创新是指面对新挑战，适应新形势，肩负新任务，不断推动理念、制度、机制、方法创新，把执行改革推进到新境界，把执行工作提升到新水平。

制度完善是指围绕改革目标形成完善的制度群，构建民主化、良善化、法治化、科学化和定型化的执行制度体系，从根本上推进执行制度的现代化，为凝聚解决执行难合力提供规范基础。制度管根本、管长远，只有以制度建设作为执行体制机制创新引领，以制度完善巩固执行体制改革创新的成果，才能对执行制度做出更加科学的安排。

执行体制改革必然伴随着多领域、多环节的创新和突破，体制机制创新与制度完善如影随形，相互依托。改革创新本身是完善执行制度的一种方式，优化执行制度的实践过程，引领执行工作发展的第一动力。只有健全和完善法律规则、执行程序、实施机制和科学体制为基础的治理体系，促使执行制度更加成熟、更加稳定、更加管用，才能保障执行改革在不断创新中健康前行。

改革推进中，要不断汲取实践中的丰富给养，将执行创新与制度完善有机结合，互相促进。要注重执行制度的协调性，确保执行制度群内部的协调一致，保障法律适用的确定性、安定性和统一性，增强执行改革创新各种举措的可操作性；要注重执行制度的适应性，谋划执行体制创新要坚持从实际出发，同我国国情和执行工作实际需要相符合，与党和国家的中心工作和总体目标相一致，充分体现中国特色和中国风格；要注重执行制度的人本性，坚持以人为本尊重人民主体地位，以人民呼声为第一信号；要注重执行制度的开放性，既能传承我国传统中的优秀法治文化又能吸收世界发达国家中的法治精髓为我所用，既能全面总结当前执行体制机制创新的成果又能为深化改革开辟空间。

全面推进执行改革创新意义重大、任重道远。要坚决贯彻党中央、中央政法委的改革部署，紧紧依靠各级党委的坚强领导，最大限度争取各级人大、政府、政协和社会各界的支持配合，深入总结各地法院试点改革工作的成功经验和存在的不足，不断优化改革推进方案，扎实推进包括执行体制改革在内的各项司法改革任务，做好改革配套制度建设，不断满足人民群众对执行工作的新要求新期待。

三、执行改革创新要注重执行思路的优化调整

（一）变单打独斗为协同联动

过去解决执行难主要依赖人民法院一家，人民法院内部又主要依赖执行机构一个部门，属于典型的“单打独斗”，远不能满足解决执行难工作的需要，从实际效果来看也是事倍功半。因此，切实解决执行难，首先要转变的观念就是要由单打独斗向协同联动转变。一是始终坚持党委领导、人大监督。实践证明，排除非法干扰最有效办法就是坚持党委领导、人大监督。有的地方通过党委发文，有的通过党委进行专项检查，还有的通过党委对具体案子进行集中协调，排除干扰、支持执行。特别是近几年我们开展的涉党政机关执行案件集中清理活动，就是党委政法委牵头的，是有史以来我们专项执行活动效果最明显的一次。责任到人，一件一件抓，一件一件落实，清理得非常彻底，随后还建立了定期通报长效机制，有力排除了干扰。二是与财产监管部门合作实现对财物的全面查控。现代社会财产形态丰富多样，财产信息掌握在不同的监管部门，要实现对被执行人财产的有效查控，必须有其他单位的协同联动，构建网络化、信息化的财产查控体系。这项工作我们已经取得了很大的进展。目前，最高人民法院开发建设的“总对总”网络执行查控系统已经与 3900 余家银行，以及公

安部、交通部、工商总局、人民银行等单位实现联网，可以查询被执行人全国范围内的开户行信息、存款信息、车辆信息、出入境证件信息、渔船信息、船舶信息、企业法人基本登记信息和企业的对外投资信息、证券信息、银行卡消费记录信息、财付通账户存款信息、支付宝账户财产信息、京东金融平台的财产信息等，基本实现了对主要财产形式的“一网打尽”。下一步，要继续从广度和深度上拓展网络执行查控系统，特别是要推动对土地、房产等不动产的网络查控。此外，也要加强与公安部门的合作，发挥公安边防部门职能作用查人找物，进一步加大边控措施。三是与有关职能部门合作实现对失信被执行人联合惩戒。最高人民法院建立的失信被执行人名单库和联合惩戒制度，效果明显、影响广泛。从 8 部门“惩戒失信”备忘录，到 44 个部门合作协议，再到“两办”出台专门文件，参与联合惩戒的部门越来越多，联合惩戒措施越来越全，最终目的是要实现让失信被执行人“一处失信，处处受限”。对提职、提级、提干，能不能当选人大代表、政协委员，贷款、开公司、各种登记、申请专利，等等，都已经实现有效限制，产生了极大的威慑力，效果也非常明显。四是依靠舆论监督，形成强大社会压力。舆论监督，既能监督“老赖”，也监督法院自身的行为，能起到双向激励的作用。最高人民法院出台了专门的执行宣传工作方案，不断加大宣传力度，各地法院也改变了过去不敢宣传、不敢公布的顾虑，自觉宣传、营造氛围、扩大影响、形成压力，“诚信光荣、失信可耻”的舆论氛围已经形成。五是依靠社会力量聚集协同执行的强大合力。这是解决执行难的最终路径。有的利用的很好，比如送达，有的地方聘请村民，或当地治安人员、村委会成员，赋予他们职责，有难以送达的直接请他们送达，送达到了，给予一定费用。被执行人回来了通知法院，给予他们奖励。动用社会力量来帮忙送达、查人找物，比我们有办法。还有的地方委托律师调查取证，效果也很好，这些都是动用社会力量来协助法院执行。从国家治理现代化的高度来解决执行难，最好的办法就是发动全社会共同参与执行，有效发挥社会组织、个人的作用，实现公权力机关、社会组织和个人三者有机融合，才是解决执行难的治本之策。随着社会的发展进步，我们完全可以考虑采取更开放的办法，探索执行工作委托社会力量共同推进执行。

（二）变消极被动为积极能动

现有执行模式中，大量精力用在找人找物，比如建立查控系统、联合惩戒系统建设等，工作大部分还是治标，治标不能不做，必须得做，治标在某种意义上也是为治本赢得时间。但是从长远来看，只治标永远解决不了执行难。旧的案子解决完了，新的案子还会不断增多，怎么办呢？要下好先手棋、打好主动仗。怎样下好先手棋、打好主动仗，核心内容是减少执行案件，减少执行不能案件，减少难以执行的案件，这样才能解决执行难，而不是执行案件越来越多，执结案件也越来越多。一是探索构建诉前查询制度（也可称为“预立案制度”）。就是立案前先通过查控系统查询被告的财产，将查询结果告知当事人，对没有查到财产的，引导当事人撤诉，否则是“告也白告”，浪费了时间、增加了成本、得罪了人，最终还执行不了。只要当事人过来预立案了，就能引起诉讼时效的中断，预立案后，每隔一段时间法院自动查控被告财产，当事人也可随时要求法院查控财产，查到财产立即立案。通过诉前查询制度，减少案件数量，减轻法院工作量。当然，这个制度要与立案登记制相协调，可以研究试点。二是加大财产保全力度，压缩财产转移空间。司法实践中，被告一旦知晓被诉，马上转移财产，官司打完，什么都没有了，导致执行不能的产生，所以要下大工夫，加大诉前保全力度。现在诉前保全门槛很高，有些原告本来濒临破产，还要拿一部分钱申请保全，最后只能不保全，官司打完执行不了，难题留在法院。要尽量降低保全担保的成本，让诉前保全制度良好的运行起来。还有的地方，法院不予诉前冻结财产，造成执行阶段的困难。最高人民法院多次强调立案大厅一定要为申请保全、鉴定、评估设置专门窗口，畅通诉前保全渠道，为后续执行创造有利条件。三是严格财产申报制度，防止隐蔽财产。与其花大量时间查找财产，不如迫使当事人自己申报财产。如果当事人假报财产，申报不实，就追究拒执责任，拘留、罚款，直至拒执罪。抓典型，让被执行人知道，只要申报不实就要付出更大代价。这个操作起来不复杂，很多地方运行良好，但也有些地方法院不敢用，宁可花大力气去查找财产，造成人财物的浪费、案多人少矛盾加剧。这是我们花了很大力气才建立的制度，各地法院一定要用好用足。四是依法用好法律行为的撤销制度，防止恶意提前转移财产。很多被执行人在短时间内通过伪造借据、签订假合同、买空卖空等手段转移财产，法律已经规定了第三人撤销之诉，我们要向当事人释明，用好这个制度，确保被执行人不能任意、恶意、违法转移财产。适用这一制度时，既要防止懒政思想，不愿惹麻烦，不愿适用，也要防止范围扩大，导致制度被滥用。五是畅通财产查找渠道，扩大财产发现机率。通过悬赏举报、委托律师调查、审计调查等方式，畅通财产查找的渠道，提高被执行人隐匿财产、转移财产的发现机率。有些地方这个机制应用的很好，通过上述手段，一旦发现财产，根据隐匿财产的情节，加大处罚力度，严重的追究刑事责任，能给被执行人极大的震慑，迫使其不敢逃避执行。六是提高拒执罪自诉比例，依法加大拒执犯罪打击力度。过去法律只规定了拒执犯罪公诉制度，法院自身不善于收集证据，公安部门证据不足就不予立案，导致规避执行、逃避执行人的胆子越来越大，人越来越多。最高人民法院通过司法解释建立了自诉机制，通过申请执行人自诉来追究被执行人的刑事责任，现在用的非常好。但也有的地方没有切实用起来，制度红利发挥的不明显。其实积极主动的成本更低，要变被动为主动，变消极为积极。

（三）变重执轻管为以管促执

过去“案件压头”，执行干警整天忙着执行事务，往往忽略案件管理，简单重复劳动，效率受到很大影响，案件越执越多，效率越执越低。要向管理要成效、要绩效，通过加强管理提高执行效果和质量，这对分管院领导和执行局局长来说尤为重要。

一是加强案件管理。有多少执行案件要做到心中有数，但一个法院一年有几千件，积累下来有几万件，确实记不住，记不住就很难管理。所以我们加强信息化建设，强化信息化管理，提出“颗粒归仓”，建立了执行案件管理系统，不准任何一件执行案件在系统外执行，而且还做到了流程管理，每个案件有编号，每走一步都有档案，能查到这个案件进行到哪一步，已经执行了多少，被执行人是什么情况，等等。信息化基本解决了案件管理的难题，凡是到最高人民法院申诉的案件，第一个要做的就是打开系统，查系统中是否有这个案件，如果查不到，发现属于系统外执行案件就要追究执行局局长、承办人责任。

二是加强人员管理。执行人员管理最大的问题是人力资源的组合和配置问题，要因人制宜、因地制宜。人员成分结构不一样，水平不一样，因人制宜、因地制宜组成团队，相互制约，相互配合。过去强调“劳动组合”，怎样组合效力最高，执行分管副院长、执行局局长一定要考虑这个问题。有些地方开展执行法官、执行员、司法警察、书记员的分类管理效果很好，查控工作由专门团队处理，不能查控的专门由一个团队处理或者几个团队分别协作处理，效率大大提高。具体执行干警的管理中有两方面非常有效：一是定位，执行干警外出执行要有定位，执行车辆运行的路线也可以通过网络管理起来。二是执行日志，要求每一执行动作，特别是关键节点要有记载，且形成相关文书信息上传案件系统并反馈当事人。

三是加强案款管理。执行款物管理过去较为混乱，有的不及时返还当事人，有的因为保管不善损坏了需要赔偿，等等。要采取专门措施加强对执行款物的管理。要实行一案一账户的制度，且要求执行到的款物与案件一一对应，否则案件一多、款物一多易导致混乱不清。执行款物管理必须实行严格的责任制，因故意或重大过失导致保管不善造成损失的，要向保管人员追偿。

四是加强过程、节点管理。案件执行往往需要一个长期的过程，有很多环节组成，不能一次执结的，还要多次执行。每一个环节都应有时限要求，都应有规定的程序和“动作”要完成。各级法院领导、上级法院对此要做到胸中有数，就必须要加强过程、节点管理。每一个过程多少天完成，不能完成的必须说明理由，报领导批准，每一个过程都要留下痕迹，以备倒查，分清责任。

五是加强廉政风险管理。执行干警再努力、执行效果再好，但一旦廉政方面出了问题便带来巨大的负面影响，院领导和执行局局长都要承担监管责任和主体责任。尽管这些年执行这个领域窝案比例在减少，但是数量仍然比较大，占比仍然偏高，不可掉以轻心。最高人民法院出台了《规范执行行为十个严禁》，各级法院执行干警要认真贯彻、切实遵守。

（四）变重末端治理为重源头治理

过去，执行工作的方式方法大都强调末端治理，找人、找财产都是在当事人把财产转移后，再花巨大精力去找，被当事人牵着鼻子走，很辛苦、很被动，成本也高，但收获甚微，人民群众不满意。要改变这个状态必须抓源头治理。

一是加大市场主体风险防范意识。按照“谁执法谁普法”原则，各级执法部门在工作中要加强对市场主体风险防范教育，切实提高其风险意识。现在有些金融机构做得比较好，要去银行贷款，银行会调查贷款人的各项信用记录，经过多年积累，经验越来越丰富，管理也越来越严格。但相当一部分社会大众没有这个意识，人民法院在工作中要注意宣传，提高当事人的风险防范意识。

二是建立完善的征信系统。有些国家，征信体系建设较好，所有的经济往来都通过一张卡实现，严格限制现金交易，我国也有关于限制现金交易的规定，但管理上存在漏洞，很容易变通、规避，为执行工作带来极大困难。国家治理首先是信用治理，信用治理首先是征信系统管理，人民法院要在推动国家征信体系建设方面发挥作用。

三是建立宽覆盖的保险机制。要发挥保险机制在执行中的重要作用，比如一些国家的企业都投纠纷险，发生纠纷由保险公司负责处理，化解纠纷的成本低、效率高。比如，交通事故赔偿在我国很多地方很难执行，但这个问题恰恰在有些国家一点都不难，因为交通事故险是强制性的，发生事故保险公司赔偿，不存在执行难的问题。所以，我们解决执行难要有大思路，要有创新，医疗、交通事故如果都投保了，就能解决很多的执行难案件。

四是加强正面宣传。“攻城为下、攻心为上”，抓源头治理，最重要的是要德化人心。被执行人真正想藏、想躲，找起来是很难的。怎样德化人心呢？就是要加强正面宣传，树立正确的价值观。从长远来看，强制力是不会持久的，最终还要靠正面典型、正面宣传，使大家养成配合执行的习惯，才能真正减少规避执行行为，从源头上解决执行难问题。

（五）变因循守旧为方式创新

依法执行必须遵循法律法规和司法解释的规定，但仍然要强调方式方法的创新。因为，执行难的原因很复杂，本身就需要不断创新方式加以面对，被执行人也会不断创新规避执行手段，需要不断创新执行方式予以应对。

一是创新打击规避执行的方式。要不时归纳规避执行方式，提前预设防止规避执行的方式和方法。比如随着互联网金融的发展，有很多被执行人将钱放在淘宝网上，不存在银行，这就需要我们改变传统的只上银行查找财产，要加强与网络金融企业的合作，实现对网络金融财产的查控。还比如，原先我们用身份证号码找人，但随着社会发展，有几十种证件可以证明自己的身份，这就要求实现身份证信息与其他证件信息的绑定。

二是创新财产查控方式。随着社会发展变化，财产的存在形式不断丰富，财产查控手段方式也要不断创新。例如我们开发建设的网络查控系统，就是对传统人工查控模式的创新。随着客观形势的发展变化，我们还要在律师调查、审计调查、悬赏调查等财产查控方式上不断创新。

三是创新财产处置方式。传统财产变现模式的信息不充分、不对称，很难顺利变现。所以要充分用好网络拍卖机制，并积极探索网上评估。

四是创新异地执行方式。过去异地执行就要委托执行，由于缺少跟踪监管措施，很多委托执行如同石沉大海，效果不好。现在各地创新异地委托执行方式，比如，各个地区签订相互委托执行协议，细化委托执行操作和监管；有的还通过具体事项委托加以解决，通过具体事项的委托，化整为零来解决案件的异地执行，这些都是创新。现在最高人民法院加强执行指挥中心建设，建立了异地执行管理模块，对异地委托执行进行专门管理，确定了各级法院的联系人和联系方式，异地执行的效率大大提升。

五是创新执行不能案件的处理方式。随着向债权人发放债券凭证做法被取消，要完善相关配套制度，比如完善惩戒制度，限制被执行人高消费。执行不能案件还可以通过破产程序消化。最高人民法院已经出台了“执转破”规定，要认真总结实践成效，不断完善，切实将这项制度的作用发挥出来。

（六）变形式合法为尽其最善

执行工作处罚也好，执行也好，都不能满足于表面，内容上要尽量向好的方面去做。法律的空白太多，法律转型时期选择空间大。公平正义不仅要求合法合规，而且要求公平、合理。一是要在法律期限内尽量缩短执行期限。二是让当事人能一次解决的尽量不让当事人跑第二次。让当事人少跑腿，让信息化多走路。三是以最低成本实现执行目的。四是处罚与违法行为相适应。五是遵守最基本的正当程序规则，如在任何时候作出对相对人不利决定的时候必须听取相对人的意见，并说明理由。再如，要让当事人作出某种行为，要给当事人合理期间以便作好准备，故在合理时间内通知当事人也是正当程序的要求。

第六章
坚持攻坚克难推进解决执行难

习近平总书记指出："崇尚实干、狠抓落实是我反复强调的。如果不沉下心来抓落实，再好的目标，再好的蓝图，也只是镜中花、水中月。"要"更好地发挥基本职能作用，投入更大的力量、采取更有力的措施推动中央精神的贯彻落实，确保中央政令畅通、决策落地生根。"经过全国四级法院的共同努力，基本解决执行难的"四梁八柱"已经拔地而起。正所谓一分部署，九分落实。夯基垒台、立柱架梁的工作完成后，推进各项重大决策部署落地生根的任务更显迫切。

一、直面执行攻坚推进的现实任务

改革的路线图，要变成事业的成绩单、公众的获得感，必须靠落实。基本解决执行难的顶层设计已经进入“施工高峰期”，开局良好、形势喜人。但从各方面反映的情况看，在一些地方、一些环节、一些方面还存在进展缓慢、推动乏力的情况，存在“断头路”“中梗阻”方面的问题，存在变味走样、自行其是方面的苗头，严重制约和影响了基本解决执行难这项系统工程的整体推进，必须加以重视和解决。

（一）敢啃“硬骨头”

基本解决执行难进入深水区后，越往前走，遇到的“骨头”越难啃；“骨头”越难啃，“含金量”往往越高，越有啃的价值。比如网络查控，先上线银行存款查询功能，然后逐步实现冻结乃至扣划功能；先实现银行存款的查控，然后逐步扩展到车辆、证券等财产。最难啃的“骨头”是土地、房屋和新类型财产（理财产品、投资性保险）等，现在各个方面都在努力，但难度很大。“惟其艰难，才更显勇毅；惟其笃行，才弥足珍贵。”在基本解决执行难的后半程，必须拿出敢啃“硬骨头”的勇气，不畏艰险，动真碰硬，祛除“顽疾”，不断“攻城拔寨”，让人民群众有更多的获得感。

（二）打通“中梗阻”

在“想到”和“得到”之间隔着“做到”，如果做不到，基本解决执行难这项宏大工程就可能变成“烂尾工程”。自最高人民法院作出基本解决执行难的承诺以来，最高人民法院作出系列重大部署、推进若干重大改革，主要目的是实现“四个基本”，但在个别地方贯彻执行得并不顺畅。在强力整治执行行为规范的形势下，仍然有个别地方、个别人顶风作案，拖整体工作的后腿，影响恶劣。每一位领导干部和执行干警，都要做改革的促进派和实干家，不做“中梗阻”，羞于不作为，杜绝打折扣，根除选择性落实、象征性执行，把基本解决执行难这项战略行动的重大价值充分展现出来。

（三）力戒“走过场”

不落实，就落空。在基本解决执行难攻坚战中，采取的措施再多，部署的活动再多，制定的规范再多，办理的案件再多，只要没有最终转化为实效，这些努力就都白费了。人民群众看不到我们的诚意，见不到我们下真功夫、硬功夫、苦功夫，感受不到在法院能够顺畅地兑现权益，就不可能认可和点赞。所以，要紧紧围绕实效来开展。有的地方，虽然有积极性，但仅限于“一文、二会、三总结”，工作却不见推进，群众更未得到实惠；有的地方，仅仅满足于抓一阵子、烧三把火、砍三板斧，稍有成绩就想歇歇脚，致使一些工作前紧后松、虎头蛇尾、有花无果；有的地方，存在畏难情绪和懒政思维，认为执行难已经存在几十年了，哪能说解决就解决，推进工作的力度明显不够，甚至原来怎么样现在还怎么样；有些地方，缺乏久久为功的思想准备，只想当“战略家”画大箭头，不愿意扑下身子“愚公移山”。务必要深刻领会中央解决执行难的决心和毅力，切实树立“看齐意识”，拿出“真心”、下足“苦功”，扎扎实实推进各项工作。

（四）避免“一团麻”

基本解决执行难是一项宏大的系统工程，时间紧、任务重、涉及方方面面。到了攻坚阶段，这项工作的耦合性、复杂性愈发突显。对中央和最高人民法院党组的各项决策部署，各级法院贯彻、落实、执行方面的任务异常繁重。有的地方不能统筹兼顾，主线和重点不突出，胡子眉毛一把抓，东边日出西边雨，或者老牛拉车使蛮力，把攻坚战变成了打乱仗，出台的措施不能配套补强，甚至相互掣肘，严重影响整体效益。各级法院要不断提高对复杂局面的驾驭能力，整体推进，重点突破。要从实际出发，科学谋划，统筹兼顾，分清轻重缓急，有步骤、分阶段地推进。要坚持两点论和重点论的统一，主抓牵一发而动全身的主要矛盾和矛盾的主要方面，下大力气破解影响整体工作推进的瓶颈和障碍，确保各项工作部署顺利进行。

（五）杜绝“大呼隆”

从各地执行工作情况看，既有可喜的变化，但也存在停留在提供收案数、结案率这类常规性数据指标上，没有把握住“实效”这个指挥棒。要深刻认识到，基本解决执行难的目标是“使执行不难成为常态”，它绝不是一场运动，不是热热闹闹、造造声势就可以万事大吉、鸣金收兵。要认真对待这项战略行动，怎么推进、怎么评估，抓什么、怎么抓，难点怎么攻克、堵点怎么疏通，每一个具体问题都要研究透彻，扎实推进。要坚持标本兼治，注重长远发展，积极推动社会诚信体系建设和破产、保险、救助等制度完善，谋划解决执行难的长效治本之策。

（六）不能“闷头干”

“酒香也怕巷子深。”近年来，党中央对执行工作的重视和支持是空前的，全国法院的努力付出也是空前的，但仍然存在内外感知差距较大等方面的问题。对此，首先要向内用力，狠抓各项工作实效。同时，也要向社会进行必要的展示和宣传。现在的情况是，有些地方的执行宣传红红火火，有些地方则悄无声息。宣传工作乏力，不仅说明对这项工作不够重视，没有采取措施加大力度，而且在一定程度上说明整体工作开展得不够好，缺乏相关素材。所以，要高度重视执行宣传工作，切实把工作的实效展现出来，不断凝聚社会共识，努力争取各个方面的理解和支持。

二、明确执行攻坚推进的具体要求

解决执行难只争朝夕，落实决策部署难在方寸。对于人民法院来说，实现战略构想，是与提出战略构想同样重要的能力。当前，基本解决执行难到了质变的临界点，处于不进则退的相持状态。要拿出一抓到底的魄力，提高善谋善成的落实能力，推动各项改革措施和部署要求不可逆转地向前推进。

（一）在遏制规避执行、抗拒执行、干预执行方面下功夫

一是进一步完善和用好联合信用惩戒机制。联合信用惩戒机制是人民法院打击规避执行、促进自动履行的一把利剑。

二是抓好“两办”意见的贯彻落实。2016 年施行的《关于加快推进失信被执行人信用监督、警示和惩戒机制建设的意见》，既是对人民法院长期积极推动的联合信用惩戒机制的充分肯定，也为继续做好这项工作指明了方向、提出了要求。下一步的重点是切实发挥联合信用惩戒机制的作用，避免建而不用，尤其是对推脱敷衍的要通过有关机制督促推动。要建立常态化工作机制，通过联席会议通报情况、研究对策、解决困难、督促落实。

三是严格执行司法解释的新规定。《最高人民法院关于公布失信被执行人名单信息的若干规定》作了修订，进一步明确了纳入失信的实质要件、增加规定了纳入失信名单的期限、明确了救济程序。修订后的司法解释已经实施。要认真学习新的规定，抓好贯彻落实。要坚持平等原则，应纳尽纳，不能选择性纳入，让失信者逍遥法外。确有特殊情况，依法可以不纳入的，要依法依规履行审批程序。要严格把握纳入失信名单的实质要件，杜绝错误纳入，严禁“凡案必纳”的做法，万不可使诚信者承受无妄之责。要依法适用救济程序，坚持有错必纠，切实保护相关当事人的合法权益。

四是积极搭建信用惩戒平台。要总结推广江西“法媒银·失信被执行人曝光台”工作经验，结合各地实际情况，积极搭建行之有效的信用惩戒平台。要加强平台的应用、维护和宣传，充分发挥对社会诚信体系建设和执行工作的双促作用。

五是依法打击抗拒执行行为。对拒不执行判决裁定甚至抗拒执行的行为，要依法予以严厉打击。要做好与公安、检察机关的协调，加强执行部门和刑事审判部门的联动，形成打击拒执犯罪的合力与威慑。要加大典型案例的宣传力度，扩大声势，形成整体效应。同时，要始终坚持慎刑理念和罪刑相适应、宽严相济基本原则，依法正确适用法律和司法解释，严格把握立案和定罪标准，严禁随意扩大、滥用刑罚。

（二）在消除消极执行、选择性执行、乱执行方面见成效

一是进一步加强四级办案平台系统的建设和应用。案件是执行工作的基础，也是执行管理的归宿。全国法院统一的四级办案平台系统是信息化条件下执行工作和执行管理的基本依托。要全面实行网上办案，严格执行案件网上流转、网上审批制度，严禁案件体外循环。一旦发现存在这种情况，上级法院要严肃问责。要加强系统的规范运用，案件信息要及时录入，杜绝事后补录、他人代录等现象，确保数据的全面、真实、准确。

二是全面推进"一案一账户"管理制度。对执行案款以"一案一账户"方式进行归集管理，是解决执行案款底数不清、管理混乱、流转不畅等问题的有效举措。这项举措，是 2017 年修订的《最高人民法院关于执行款物管理工作的规定》增加的一项重要内容，也是最高人民法院在执行案款集中清理活动中提出的明确要求。各地法院要认真贯彻，切实抓好执行款物管理，防范风险。

三是强化执法记录仪的配备和使用。要确保执法记录仪的全面、规范应用，从而提高执行工作的透明度和司法公信力。

四是强化执行监督。要落实《民事诉讼法》第 226 条的规定，用好责令限期执行、指定其他法院执行、提级执行等监督手段；要用好对违法执行的法定监督渠道，切实推进立案登记制在执行异议、复议案件中的贯彻落实，对当事人、利害关系人提出的异议、复议申请，做到有案必立、有诉必理；要充分利用信息化建设成果发挥申诉信访的监督作用。

（三）在无财产可供执行案件的妥善处置上做文章

一是严格执行《最高人民法院关于严格规范终结本次执行程序的规定》(以下简称“终本规定”)。2016 年施行的“终本规定”，明确了终本案件的程序标准和实质标准，畅通了终本案件的恢复机制，完善了终本后的管理救济机制。最高人民法院还通过规范执行行为“十个严禁”专门明确，“严禁违规适用终结本次执行程序及对纳入终结本次执行程序案件不及时定期查询、司法救济、恢复执行”。要切实转变观念，把做法统一到“终本规定”上来。要定期自行抽查一定比例的终本案件卷宗，对照规定检查贯彻落实情况，重点检查标准问题；每半年要通过网络执行查控系统查询一次被执行人的财产，并将查询结果告知申请执行人，对符合恢复执行条件的要及时予以恢复。

二是做好限制高消费工作。被执行人未按照执行通知书指定的期间履行生效法律文书确定的给付义务，人民法院可以采取限制高消费措施。根据规定，只要被执行人未按照执行通知书的要求履行义务，就可以限制高消费。

三是加大执行救助力度。执行救助有利于部分无财产可供执行案件的退出和申诉信访案件的化解，体现了对弱势群体的人文关怀。要积极依靠党委领导和政府支持，将更多救助资金纳入财政预算，构建执行救助的长效机制，充分发挥执行救助对于消化执行案件的积极作用。在不违反财经纪律的前提下，也要通过多种途径扩充救助资金。

（四）在有财产可供执行案件的办理方面出实招

一是进一步完善网络查控系统建设。网络查控系统是解决财产难找、提高执行效率、推进执行工作模式转变的关键所在。财产的存在形式日新月异。我们的努力方向是，新的财产形态拓展到哪里，查控手段就跟进到哪里，形成查找财产的“天罗地网”。

二是综合运用各种财产调查措施。要严格执行财产调查司法解释，充分发挥被执行人财产报告制度的作用。对申报不实的要严厉打击，倒逼财产报告制度充分发挥效用，改变人民法院在查找财产方面疲于奔命的被动局面。要对当事人进行必要的释明，引导其选择审计调查、悬赏公告等调查措施。要正确认识和准确把握网络查控和传统查控的特点和利弊，扬长避短，互为补充。

三是大力推广网络司法拍卖。网络司法拍卖是财产变现环节的重大改革，是实现各方当事人合法权益最大化的重要机制。据了解，在不少地方，网拍率已达到100%，成交、溢价情况非常好，投诉几乎为零，各方当事人的满意度都非常高。要高度重视、深刻认识网拍的价值和意义，将网拍优先原则和名单库制度落实到位。要依法保护申请执行人选择平台的权利，不得限制或者代替申请人进行选择。要加大对网拍工作的监督、指导和保障力度。

（五）在加强执行管理方面动真格

一是全面推进执行指挥中心实体化运作。执行指挥中心建设是信息化时代强化执行管理的必然选择，是执行管理方式转变的重要抓手，代表着执行管理的发展方向。执行指挥中心的做强做实，对于实现“三统一”执行工作管理体制至关重要。要切实转变观念，主动拥抱现代科技，提高执行管理工作的现代化水平。要建立完善线上线下衔接配合机制，不断提高执行指挥中心服务和保障具体执行工作的水平。最高人民法院执行指挥中心将通过轮巡方式抽查，并将有关情况进行通报。

二是积极探索、不断完善执行考核体系。要注意将基本解决执行难各项重大决策部署的贯彻落实情况纳入日常考核范围，合理设定考核对象和指标分值。要正确理性对待执行考核得分，严禁弄虚作假。

（六）在深化改革创新方面谋进取

一是深入推进改革试点工作。2015 年 1 月至今，最高人民法院先后批复同意十个地区法院的审执内分试点改革方案。这项试点侧重权力制约，规范执行行为，强化执行实施的统一管理与协调，取得了显著成效，为执行体制改革顶层设计提供了能复制、可推广的成功经验，但也发现了不少难点和问题。要进一步深入总结，不断创造出好做法、好经验。

二是进一步推进执行团队化模式改革。按照法官员额制改革的要求，传统的执行工作模式已经不能适应人员结构的新变化。一些地方积极探索建立以法官为主导的执行团队模式，有效应对员额制改革带来的挑战，成效明显。要结合自身工作实际，全面推进执行团队化模式改革，进一步优化人力资源配置，发挥出“1+1大于2”的效果。但团队化模式要因地制宜，不搞“一刀切”。

三是积极推进中级人民法院协同执行制度。最高人民法院2017年制发的《关于加强中级人民法院协同执行基层人民法院执行实施案件的通知》，要求进一步发挥中级人民法院执行指挥中心在“三统一”管理体制中的枢纽作用，发挥协调和统筹优势，统一调度使用辖区法院执行力量，协同、帮助基层人民法院对重大、疑难、复杂或长期未结案件实施强制执行。基层人民法院要充分利用好这项工作机制，借助中级人民法院和其他兄弟法院的力量，推进“骨头案”的解决。中级人民法院要发挥执行指挥中心的功能优势，通过整合和统筹资源，帮助基层法院解决难题。

（七）在提升人民群众获得感方面用心力

一是进一步深化执行公开。执行公开是增强案件当事人获得感的直接途径。联系不上法院、不了解案件进展、不知道基本的信息，是当事人申诉信访、对执行工作不满的一个重要原因。在案多人少矛盾没有得到根本解决的情况下，要求承办人事无巨细地主动向当事人反馈案件进展情况，不符合客观实际，但加大执行公开力度，是人民法院与当事人之间沟通联络、传递信息的必然选择。在有的法院，执行公开系统仅仅推送立结案等少量信息，与当事人的需求和期望存在较大差距。各级法院要在坚持网上实时办案、准确录入信息的基础上，加大执行公开的力度和范围。要主动推送执行通知、报告财产、财产查控、评估处置、案款收发等重要节点信息，以及纳入失信、限制消费、限制出境、罚款拘留等重要执行措施信息，保障当事人的知情权和监督权。

二是进一步做好执行宣传工作。执行宣传是让社会公众感知执行工作成效的重要途径。要强化组织领导，将执行宣传作为一项重要内容纳入执行考核范畴，定期督查通报，层层传导压力、压实责任。要加强正面宣传，围绕见效之年的基本定位，更加注重宣传执行工作取得的实效，为基本解决执行难的如期实现奠定舆论基础。

三、强化执行攻坚的各项保障

在 2017 这个承上启下的关键之年，人民法院要牢牢抓住难得的历史性机遇，不断巩固来之不易的大好形势，拿出“工匠精神”，通过实实在在的举措，确保各项重大决策部署不折不扣地落地生根，切实履行对人民群众的庄严承诺。

（一）明确落实“责任人”，继续抓好一把手工程

“龙头怎么甩，龙尾怎么摆。”基本解决执行难是一项探索性很强的艰巨事业，不可能有一种顶层设计可以穷尽现实中的所有具体问题，也决不是上面定好文件照本宣科就能完成。各级法院主要领导作为“关键少数”，对基本解决执行难，抓和不抓大不一样，虚抓和实抓大不一样。缺少谋划全局的“大视野”，没有担当责任的“铁肩膀”，拿不住具体落实的“绣花针”，或者不会用“弹钢琴”的统筹艺术，就不可能打赢基本解决执行难这场硬仗。说到底，各项决策部署是抓出来的、干出来的，是一级压一级落实出来的。所以，落地生根的问题，关键在于“一把手抓”和“抓一把手”。随着基本解决执行难各项决策部署“施工高峰期”的到来，主要领导要当好“第一责任人”，牢固树立主体意识、主角意识、主场意识。要进入落地生根的工地，重要改革亲自部署、重大方案亲自把关、关键环节亲自协调、落实情况亲自督察。对看准的事要敢于拍板，对“烫手山芋”要善于化解，对关乎民众获得感的事情要耻于“踢皮球”，确保各项决策部署的落实掷地有声。

（二）画好落实的“施工图”，全面推行任务清单制度

在基本解决执行难的后半程，落实各项重大决策部署的时间紧、责任重、要求高。要结合工作实际，对执行工作谋篇布局，制作详细的任务清单，明确工作的重点、目标、举措、责任人和时间表。要狠抓落实，实行挂图作战，完成一个销号一个。要一环紧扣一环，一步紧跟一步，盯住干、马上办、改到位。

（三）握紧督察的“杀威棒”，深入开展专项整治和专项巡查

基本解决执行难各项重大决策部署推进到哪里，督察就要跟进到哪里。2017 年年初，最高人民法院印发了《关于开展规范执行行为专项整治行动的工作方案》。通过专项整治行动和专项巡查，确保基本解决执行难各项重大决策部署落实到位。

（四）提高赶考的“紧迫感”，认真做好评估验收相关工作

第三方评估验收，既是基本解决执行难的关键环节，也是检验成效、发现问题、改进工作的重要方法。要切实推进评估验收工作，确保各项数据客观真实，严禁弄虚作假。要通过问卷等方式，向当事人、律师和社会公众开展广泛调查，准确掌握存在的具体问题和不足。要采取有力措施，有针对性地改进相关工作，提高人民群众的满意度。

（五）兑现责任的“军令状”，用好综治考评等手段

基本解决执行难，是全国四级法院立下的“军令状”。要对反映工作实效的指标进行科学排名，鞭打慢牛。对长期落后的，要派驻工作组分析原因、帮助整改。要严格执行《最高人民法院关于建立执行约谈机制的若干规定》，通过约谈责令履职不当、执行不力的下级法院整改纠正。对落实迟缓、敷衍塞责的法院，上级法院要向其党组作书面正式通报，并根据规定进行问责。要充分发挥综治考评的作用，严格按照考核办法进行扣分。对扣分较多的法院，结合约谈、通报制度，督促其整改。

第七章
强化内部治理推进解决执行难

执行难问题的产生和长期存在，是各种因素相互交织、各种矛盾相互作用的集中体现。既有法治环境欠佳、社会信用体系不健全、立法相对滞后等外部因素，也有执行队伍素质不高、机制不畅、力度不够等内部因素；既有客观原因，也有主观上重视不够、努力不够的原因。破解执行难是一项系统工程，仅凭人民法院自身努力难以实现，必须整合各种社会资源和力量，多头并举，综合治理，循序渐进，非一朝一夕所能成就。但治理执行难，必须首先强调人民法院的内部治理。执行难虽是诸多因素综合作用的结果，但从唯物辩证法的观点来看，内因是根据，外因是条件，外因通过内因起作用；内因治理得好，外因的影响就小，反之就越大。从近年来执行工作中反映出的问题来看，司法腐败、消极不作为以及乱执行的现象较其他审判领域明显突出，在一定程度上损害了司法权威，有时也成为诱发执行难的原因。“正人先正己”“打铁还需自身硬”。人民法院不花大力气解决自身问题，强化内部治理，解决执行难问题就难以赢得社会的理解与支持。近年来执行工作的实践证明，人民法院只要切实增强能动执法理念，充分挖掘自身潜能，内外兼修，真抓实干，就能够有效缓解执行难。通过内部治理力克执行难，就是要在队伍建设、机制完善、执行创新和环境改善等方面下功夫、做文章，务求取得新的突破。

一、全面提升治理执行难的整体能力

“为政之要，莫先于用人。”习近平总书记指出，党的干部是党和国家事业的中坚力量。建设一支高素质的执行队伍，是搞好执行工作、解决执行难的根本保障。要把习近平总书记提出的好干部标准落到实处，始终把队伍建设作为执行工作的重中之重，持之以恒，常抓不懈。

（一）注意把握知与行的结合

习近平总书记多次强调，要以知促行，以行促知，知行合一。所谓知者，主要指思想意识，强调的是对事物本质的认识。行者，主要指实际行动，强调的是改造世界的客观方面。知是基础、是前提，行是重点、是关键。知行合一，突出强调思想意识和实践行动的关系。强制执行是当事人借助国家强制力实现生效法律文书所确定权利义务的过程，如果不依法、不规范、不及时，甚至搞权钱交易、权色交易，公平正义就得不到伸张，最终将影响人民群众对执行工作的满意度，损害司法公信力。从前些年人民法院查处的违纪违法情况看，执行干警违纪违法问题高发，查处比例连年居高不下，有些地方出现的问题还比较集中，甚至出现系统性、塌方式腐败，追根溯源，根本在于权力观出了问题。执行队伍建设要在树立正确的权力观上多下功夫，要教育广大干警牢固树立“四个意识”，切实做到权为民所用、为民所系、为民所谋，同时要坚持对违法违纪行为从严查处，以零容忍的态度坚决惩治执行中的腐败现象，坚决清除执行队伍中的“害群之马”，确保公正廉洁执行。

（二）注意把握德与才的结合

古人云：君子不患位之不尊，而患德之不崇。人无德不立，官无德不为。德不厚者不可使民。德决定着人品、形象、威信。才决定着能力、才干、水平。德是基础、是核心、是本质，才是条件、是关键、是属性。要坚持德才兼备、以德为先。人民法院执行部门执掌国家强制执行权，岗位性质特殊，责任重大，任务艰巨，理应更加重视干警的道德修养和业务素养。否则，“身居高位而德不配位，位在要津而无所作为”。要继续加强政治纪律和政治规矩教育，重点突出思想道德涵养、纪律修养、规矩意识，确保每位干警始终在思想上政治上行动上始终同以习近平同志为核心的党中央保持高度一致。要持续巩固理想信念教育，不忘初心，砥砺前行。牢固树立以人民为中心的发展思想，践行全心全意为人民服务的宗旨，把人民对美好生活的向往作为奋斗目标。要针对执行岗位的特性，进一步加强和改进新形势下教育培训工作，更加注重提升执行干警业务素养、才干才能，更加注重锻炼过硬本领、提升司法能力。

（三）注意把握管与爱的结合

执行部门为了有效履行《宪法》和《人民法院组织法》赋予的职责，依法行使强制执行权，必须通过各种规范，对各个合议庭、各个处室以及干警进行组织管理和协调。要坚持从严管理，以制度管人，以制度管事。领导干部要善于通过加强监督和教育，力求对本部门存在的问题早发现、早提醒、早制止、早纠正，做到关口前移，未雨绸缪，防患于未然，这实际上也是对干部关心爱护的最好体现。新形势下，人民法院执行工作日益繁重，执行干警普遍处于超负荷运转状态。要坚持严格管理与热情关怀相结合，要创新和进一步落实从优待警的政策措施，特别是基层执行干警身处执法办案一线，责任大、风险高，要千方百计为他们排忧解难，帮助他们解决后顾之忧。在基本解决执行难的关键时期，尤其要高度重视执行队伍廉政建设：第一，建立健全执行队伍廉政问责机制。各级法院的分管院领导和执行局局长是执行队伍的主体责任承担者，廉政监察员、各级法院的纪检监察机构是执行体系的廉政建设的监督责任承担者。如果哪个地方执行局出现了执行腐败案件甚至是“窝案”，要向分管院领导和执行局局长问责。分管院领导和执行局局长要把廉政建设放到重要位置，哪个地方发生执行人员的严重违纪违法问题，就要启动问责机制。第二，严禁与当事人单方私下接触。执行队伍之所以容易出现问题，与执行工作单兵作战、不可避免直接面对当事人等特征有很大关系，但一定要严禁与当事人单方私下接触，这要成为一条红线，谁触碰了这条红线就要严肃追究。第三，要建立健全执行廉政警示机制。通过信息化建设建立相关的提醒机制。某些环节一旦出现反常就要进行提醒、提示，纪检监察人员、廉政监察员就要去了解和调查，出现了危险信号就要提前及时进行处理。第四，要加强制度建设。出现问题要及时堵塞漏洞，出现了违纪违法案件就一定要查缺补漏，尽快进行有针对性的制度弥补。

二、切实保证执行行为的规范化

加强制度管理，减少和杜绝个人意志的随意性，这是现代管理学的基本原理。执行工作涉及法律关系和社会生活的方方面面，要求高、责任大、影响广，加强科学管理十分重要。从过往执行工作中暴露出的问题来看，管理松散、制度缺失是重要原因。要根据执行工作的性质和特点，建立健全执行工作管理的各项机制，使相关工作程序和工作制度经过科学、合理、有序联接后，形成有机的自行运行封闭系统，努力提高执行工作的质量与效率。当前，要着重建立和完善以下执行工作机制：

（一）规定时间完成规定动作的流程管理机制

建立案件流程管理机制，就是要对各类执行案件的受理、分案、移转、中止或终结等环节进行规范，明确各个环节的办理期限、质量标准、职责权限以及各环节之间相互衔接的具体要求，也就是说，在规定时间内必须完成规定动作，规定动作不到位或者违反相关规定的，就要承担相关责任，从而把执行工作的监管贯穿于执行工作的全过程。为确保各个环节能实现顺利衔接，节点控制是执行案件流程管理的基本要求。要坚持合议制度或集体讨论制度，充分发挥合议庭和审判长（执行长）联席会议在审查、评议并提出执行方案方面的作用。要坚持权责一致的原则，明确划分各个环节的权限，规定相应的办理责任。在规定时间未完成规定动作，影响案件流转进程，属于承办人个人原因的，必须限令纠正，确保案件得到及时、高效的处理。要注意流程管理机制的科学性，制定的流程管理要贴近执行工作的实际，符合执行公正与效率原则，便于操作。同时，还要将流程管理制度与绩效考评制度进行对接，避免脱节，真正发挥制度应有的激励约束功能。

（二）促使被执行人自动履行义务的激励机制

执行人与被执行人的矛盾，归根结底属于人民内部矛盾。人民法院采取执行手段，要研究被执行人心理，讲究策略，探索建立促使被执行人自动履行义务的激励机制，避免因工作方法简单直接，导致矛盾激化，影响执行实际效果。一是要让被执行人不能规避。要加大诉前财产保全的力度，掌握主动权，这是非常重要的手段，只要事先控制了被执行人的财产，被执行人就难于规避履行法定义务；要对确有履行能力但规避执行的单位和个人依法采取严厉的制裁措施，迫使其自动履行义务。另外，要积极建议推动财产登记实名制度，使任何单位及个人的财产和大额消费都处于监控之下，无法规避。二是要让被执行人不愿规避。对不配合、企图规避执行的被执行人，要采取明确警示的方式，让其知晓拖延履行义务要承担加倍罚息等不利后果，将会付出更大的代价，促使其正确面对执行，打消侥幸心理。三是要让被执行人不想规避。进一步完善执行公开机制，深入推进“阳光执行”，最大限度挤压被执行人规避和“暗箱操作”空间。积极联合当地政府和有关部门建立完善诚信机制，将被执行人规避执行的情况作为信用等级评价的一项重要指标，直接影响其在商业经营活动中的信誉，促使其不想规避。

（三）立审执的统一协调机制

立案、审判是案件执行的前提和依据，执行是审判结果的强制实现。要完善有利于执行的立案、审判各环节相互制约又相互促进的制度，立案、审判的各个阶段都要增强前瞻性，加强协作配合，为案件的顺利执行打下良好的基础，形成解决执行难的内部合力。

在立案环节，要注意避免或消除执行风险。一要注重发挥诉前财产保全对执行的重要功能。实践中，大量的案件因未及时采取财产保全措施，导致判决、裁定、调解书生效后，被执行人的财产早已被隐藏、转移或变卖，给执行工作带来极大困难。要依法大量运用财产保全，对当事人提出诉前财产保全申请，条件具备的应予以支持，对那些事实清楚、法律依据充分的案件，在要求申请方提供担保的条件和比例上可以适当放宽。二要注重对当事人进行“风险告知”。根据案件的实际情况明确提示当事人胜诉时可能面临的执行风险，使当事人增强执行风险意识，积极主动地收集被告方的财产线索。这样，既可以确保部分案件能得到实际执行，也可以取得当事人对部分难以执行案件的理解。

在审判环节，要注意甚至兼顾执行。一是对符合条件的案件依法及时采取财产保全措施，对某些生活困难、生产经营急需的当事人，可以依法采取先予执行措施。二是注重做深入细致的调解工作，能当庭调解给付的尽量促成当庭给付，不要推向执行阶段；不能当庭给付的，也要引导双方签订切实可行的给付方案，便于今后执行。针对当前刑事附带民事判决中民事赔偿部分难以执行的现状，更要加大审理中的调解力度，对因民间矛盾、婚姻家庭纠纷引发的部分案件，将民事赔偿情况作为对被告人量刑的酌定情节予以考虑，动员其亲属积极代为赔偿，减少进入执行程序的案件数量。三是要切实提高文书质量，加大裁判文书的说理性，避免因文书质量不高，裁判表述有瑕疵，给执行带来不确定因素。

（四）强制执行措施适用的监控机制

为规范执行工作中强制措施的适用，必须建立起有效的监控机制。一要加大教育培训力度。增强执行人员严格、依法、慎重适用强制措施的意识，所有强制执行的适用必须严格依照法定程序、方式和期限，不允许滥用。比如采取查封冻结手段，不能明显超过执行标的，能活“封”的要尽量活“封”，将对被执行人生产经营活动的影响控制在合理范围。二要严格强制执行措施决定的审批程序。采取强制措施的，必须依法依规履行报批程序，不得违规采取强制措施。三要对采取强制措施情况及时备案。采取了查封、冻结措施的，要按照规定在流程管理程序中标注，并及时办理相应的续冻、续封、解冻、解封等后续手续。

（五）公平公开公正的财产变现和参与分配机制

案件执行过程中的委托评估、拍卖和分配处理，是法院执行工作中比较敏感的环节，最容易滋生腐败问题。必须建立确保财产变现和分配公开公平公正的监督制约机制。最重要的是要用足用好网络司法拍卖机制，让拍卖流程、环节在阳光下运行，最大限度压缩执行权“寻租”空间。

（六）“特殊”当事人的执行救助机制

对于被执行人无财产可供执行而申请人又属于特困群体的案件，要积极依靠党委领导，争取各方支持，建立健全规范的执行救助制度，将特困群体救助金纳入财政预算，对救助的对象、金额、程序等作出明确规定，做到有规可依、有章可循，把好事办好，以有效解决需要救助的特困群体最关心、最直接、最现实的问题。建立特困群体救助机制，要注意以下问题：一是严格控制救助范围。从执行实践看，执行救助主要针对交通肇事、人身损害、赡养抚养、刑事附带民事等诉讼中的特困群体，对那些因商业投资行为发生纠纷、执行无望的当事人一般不在考虑之列。二是发放主体应由政法委或民政部门担负，法院根据当事人的申请严格审查后向政法委或民政部门提供需要救助的名单及建议救助的具体数额。三是对申请人实施救助不代表被执行人义务免除，被执行人有可供执行财产后需继续执行，执行到位的款额能补足申请人执行标的的应首先予以补足，超出部分应纳入救助资金。

（七）暴力抗法和群体性事件的快速反应机制

长期以来，暴力抗法和群体性事件屡见不鲜，不仅直接影响到案件的顺利执行、威胁执行人员的人身安全，也损害了人民法院的形象和司法权威，更是社会稳定的安全隐患。为及时有效处理各种紧急情况和突发事件，必须建立执行快速反应机制。一是完善执行指挥中心，充分发挥指挥中心统一管理、集中调度的优势。二是健全执行案件风险评估机制。“凡事预则立，不预则废。”在执行一些敏感案件时，事先掌握大量信息情报，做好研究预测，对案件执行可能存在的风险进行综合评估，制定一套或几套执行预案，有的放矢，从容应对。三是加强与公安、检察等部门或机关的联系。必要时可请求公安、检察部门或机关协助，增强应对力量。

（八）公正与效率平衡的执行救济机制

实践中，有的被执行人出于某种目的，对人民法院作出的执行决定不停地提出异议、复议，甚至申诉，企图拖延执行时间，最终达到规避执行的目的。对此，一方面，要维护被执行人的异议、复议和申诉权，依法予以救济；另一方面，要有针对性地采取措施，确保执行程序公正与效率的平衡。一要依法控制财产，并及时办理相应的续行财产手续，切不可因工作脱节造成往后执行落空。二要明确告知被执行人故意拖延执行的不利后果，促使其权衡利弊，不做徒劳之举。三要完善执行异议、复议和申诉机制，提高业务能力，加快办案进度，以免贻误时机。

（九）确保执行工作正常运转的资源保障机制

俗话说，兵马未到，粮草先行。执行工作难度大，风险高，流动性、时效性强，必须建立坚强有力的资源保障。一要配齐配强执行人员。要根据执行工作的实际需要，确保执行人员比例不少于全体干警现有编制总数15%的要求，确保执行人员的文化程度不低于所在法院人员的平均水平。二要配置精良的物质装备。要装备执行车辆、通讯、网络以及录影、录像设备，增强执行工作快速反应能力，避免各方面的风险。

三、努力实现执行工作与时俱进

创新就是发展。执行工作起步晚，尤其需要创新意识。我国至今尚未制定独立的强制执行法，对执行工作中的许多热点、难点问题没有涉及。已有的立法规定比较原则，相关司法解释出台的步伐虽不断加紧，但仍不能完全适应执行实践的需要。在新的历史时期，必须坚持执行创新，不断适应客观形势发展的需要。

（一）执行创新的空间

“新故相推，日生不滞。”执行是一个广阔天地，创新大有作为。法的安定性是相对的，法律、司法皆不能“凝滞于物”而应“与世推移”，需要及时回应社会经济发展变化的新的需求和期待。执行创新内容丰富，有制度体制的战略创新，有思想理念的观念创新，有法律文化层面的创新，还有工作方式方法的创新。人民法院必须在坚持合法性原则下，解放思想、实事求是、与时俱进、求真务实，有步骤、分阶段地积极进行创新。一是执行理念创新。理念创新是纲，纲举目张。执行理念创新，最根本最重要的是要以习近平新时代中国特色社会主义思想为根本遵循。要紧紧围绕党和国家工作大局，围绕人民群众的司法需求，围绕形势的发展变化，在服务上做文章，在取得实效上下功夫，积极主动地开展执行工作。要深入总结执行实践，善于从纷繁芜杂的执行实践中提炼、概括执行工作的政策理念，用以指导执行工作，确保执行实效，实现基本解决执行难目标。二是执行方式创新。近年来，各地法院以促进执行公正、提升执行效率、提升执行效能为目标，从执行工作的实际出发，积极探索，大胆实践，在执行方式方面积累了不少经验。要在进一步总结经验的基础上，继续坚持和完善，力争成为长效机制。三是执行管理创新。执行工作的性质和特点，决定了管理工作有很大的空间。要进一步增强管理意识，创新管理方式。要站在服务大局的高度，怀着强烈的事业心，乐于管理。要抛开顾虑，坚决同违法违纪的现象和不良行为作斗争，敢于管理。要增强工作主动性，持之以恒，勤于管理。要纵横兼顾，疏而不漏，精于管理。要整合各种资源，以人为本，提升境界，善于管理。

（二）执行创新的边界

执行创新不是随意创新、盲目创新，必须遵循执行工作的客观规律，要正确把握和处理好依法办案与能动司法、公平正义与执行效能、权利保障与服务大局的关系，坚守底线，这是创新的前提和保障。一是不得违背法律规定，这是执行创新的基本前提。执行工作带有强制性，必须在法律规定的框架内创新。如果只追求执行目的而不顾执行手段，则可能损害被执行人甚至案外人的基本权利。凡是涉及限制当事人权利特别是人身权利、增加当事人义务的，必须有法律依据，否则就是违法执行。第二，不得违背善良风俗，这是执行创新的基本底线。有些领域，虽然不涉及违背法律的禁止性规定，但只要是可能损害善良风俗的，也应该是创新的禁区，否则，就难以取得较好的社会效果。第三，要充分尊重当事人的选择，体现人文精神。对那些没有法律规定的执行创新措施，要充分征求当事人的意见，履行相应的程序，确保手续齐全、程序到位，以免引发执行争议，造成新的执行难。

（三）执行创新的机制

人的行为是一定社会关系所决定的，尤其决定于社会一般激励机制。可以说，有什么样的社会激励机制，就会有什么样的人的行为。因此，必须因势利导，建立有利于执行创新的制度机制。一是要鼓励创新。各级法院在执行工作中，要创造条件，鼓励大胆创新。有关人员要善于学习和思考，将书本、媒体、网络知识与具体执行工作紧密结合。对实践证明效果良好的创新思路和措施，要总结经验，不断完善，并对有关单位和个人进行奖励、表彰。二是要注重交流推广。要善于学习借鉴其他法院在执行工作方面的创新举措，结合当地实际予以运用。为便于各地法院交流，可以在某些新闻媒体开辟专栏，创立交流平台，推出不同法院的执行创新方式，组织探讨，还可以适时召开执行方式经验交流会，推广成熟的执行工作经验，扩大效果。

四、大力营造执行工作良好氛围

执行工作的顺利开展离不开良好的外部环境，执行工作内部治理的效果在一定程度上取决于良好的外部条件。外部环境是动态变化的统一体，并非一成不变。人民法院一方面要通过狠抓自身建设，与外部环境形成良好的互动关系，直接或间接影响外部环境朝有利于执行难问题解决的方向发展；另一方面也要不懈努力，积极主动争取各方支持与配合，最大程度地改善外部环境。

（一）营造依法办事的“大气候”

党中央的高度重视和坚强领导，是包括执行工作在内的人民法院各项工作依法顺利开展的根本保证。各级法院尤其是领导干部要充分认识自身在营造执法环境方面的重大职责，不能怨天尤人，要想方设法，努力争取党委、人大、政府的重视与支持。在执行工作涉及重大法律原则的问题上，要主动汇报，充分阐明依法办事对维护稳定、促进发展的重大意义，说明地方和部门保护主义的危害性。同时，各级法院也要敢于坚持原则，顶住压力，排除干扰，依法公正执行，通过实际行动表明人民法院依法办事的勇气和决心。在营造执法环境方面，要坚持不懈，从办好每一件执行案件做起，日积月累，使当地党委、人大、政府充分认识到依法办事与经济发展、社会稳定三者是相辅相成、共同促进的关系，不可偏废。只有各地依法办事的“大气候”营造好了，执法环境改善了，攻克执行难才有充分有力的保障。

（二）构筑八方呼应的大本营

人民法院与各有关部门的执行联动机制建立起来后，关键是要抓落实。要以近年来开展的执行专项活动等工作中建立起来的跨部门联动工作机制为契机，动员各方力量，构筑对执行工作八方呼应的大本营。一是要紧紧依靠党的领导。积极争取党委政法委的领导和支持，形成解决执行难的大格局。在落实联动机制的过程中遇到困难和阻力，要主动向党委政法委汇报，请求协调解决。二是要主动协调与各有关部门的关系。各部门的协调配合是联动机制形成的重点环节，对一些关键问题要主动协调、善于协调，争取理解与支持，达成共识，确保联动机制有序运转。三是加强调查研究。对联动机制运行中存在的新情况、新问题，要深入调查研究，及时提出对策，并充分征求有关部门意见，确保运行效果。

（三）占领打击违法的制高点

对抗拒、规避执行进行有效打击是治理执行难的重要手段。一要继续保持对抗拒执行、规避执行的高压态势，为执行难治本赢得时间和空间。二要注重发挥综治考评功能。要加强与社会治安综合治理部门的沟通、协调，根据执行工作的需要和存在的问题以及执行工作的长远发展调整考评指标，设置合理分值，不断修改、完善相关打分标准，形成常态工作机制。通过将执行工作纳入综合治理考核指标的办法，使各有关成员单位自觉抵制违法行为。三是同媒体建立起良好的关系。现代社会，媒体被称为继立法、行政、司法之后的“第四权力”。媒体的倾向，对执行工作具有巨大的影响力。人民法院必须紧紧抓住舆论主导权，建立与各类媒体尤其现代大众媒体的良性互动关系，最大限度发挥媒体的正面作用，最大限度限制不良舆情的负面影响。要与广播、报纸、电视、网络等媒体建立稳定的合作关系，借助新闻媒体平台，采取召开新闻发布会、专题报道、跟踪报道、现场采访、设置专栏等方式，开展执行法规政策讲解、重大执行活动报道，大力开展普法宣传，提高全社会的法制意识和风险意识，动员社会各界和人民群众理解、支持、配合法院执行工作。同时，在媒体上开辟专栏，曝光抗拒、规避执行的人员及行为，形成打击抗拒、规避执行的社会舆论氛围。

（四）筑牢抵御干扰的防火墙

人民法院要多管齐下，筑牢抵御各种干扰的防线。一是要善于做工作。一方面要注重沟通，从法律角度进行耐心解释和说明。只要讲究沟通的方式方法，必定会取得理解和支持。另一方面对极个别不讲原则，出于某种动机干预个案的机构或个人，要在做好解释说明的基础上，敢于坚持原则，秉公执法，依法依规如实记录。二是要坚持集体研究。要依法坚持合议制和集体研究决定重大事项的制度，避免和防止“关系案、人情案、金钱案”。三是要强化监督。严禁法院领导和执行人员单方私下接触当事人，会见必须安排在办公场所，并有其他人员在场；严格执行回避制度，与当事人有可能影响公正执法关系的，或因情况不明而私下见面的，要主动申请回避，对违反有关禁令者，要严肃追究责任。

（五）架设暴力抗法的高压线

暴力抗法是社会的毒瘤，不仅危及人民法院执行人员的人身安全，而且危害对方当事人的合法权益，严重损害司法权威，必须引起高度重视。一要正确认识暴力抗法事件的性质和危害性。暴力抗法“抗”的是法，挑战的是法律的权威。人民法院依法执行，是行使国家的司法权，这是基本的前提性认识。二要依法打击、处理暴力抗法的人和事。对严重暴力抗法者，特别是幕后组织、策划者和带头闹事者，要充分运用法律手段，坚决予以打击，决不让其占到任何便宜，绝不能让暴力抗法形成气候。三要加大舆论宣传的力度。孙子曰:“故善战者,求之于势”,何谓“势”？“如转圆石于千仞之山者，势也。”只要全社会形成了依法办事、恪守法律的大“势”，暴力抗法者如过街老鼠，暴力抗法事件就会大大减少直至消灭。要通过电视、报纸、网络，对一些典型暴力抗法事件予以曝光，公布处理结果，对那些潜在的暴力抗法者形成一定的威慑力。同时，法院执法人员在执行工作中，特别是在处理严重暴力抗法事件时，也要注重工作的方式方法，坚持依法执行、文明执行，否则会增加处理的难度，影响打击效果。

第八章
强化外部治理推进解决执行难

执行难的形成和发展，是内外各种因素综合作用的结果。虽就解决执行难而言，内因是根据，外因是条件，内因在一般情况下起决定作用，但没有必要的外因条件，再好的内因也产生不了应有的作用，甚至在某些特定情况下，外因还起着决定性的作用。进行执行难的外部治理，是推进基本解决执行难的必要条件和重要保障。执行难的外部治理，要针对影响执行工作的一些突出问题，研究强有力的反制措施。

一、反消极规避

人民法院生效法律文书所确认的权利能否实现，不仅取决于执行功能的发挥，更取决于被执行人的履行能力。而被执行人有无履行能力，必须通过一定的形式来揭示。由于诚信观念的缺失，实践中相当一部分有履行能力的被执行人采取各种手段规避执行，已成为一种普遍现象，有的甚至在案件审判阶段预期要败诉时就挖空心思着手实施规避行为，给执行阶段查找被执行人及其财产带来困难。

（一）表现形式

从司法实践中掌握的情况来看，被执行人消极规避执行主要体现在以下几个方面：

一是被执行人隐匿行踪。案件进入执行程序后，被执行人故意躲避法院传唤，有的频繁更换住所或办公地点，有的甚至举家外迁，长期下落不明，造成文书难送达、财产难查明、执行行为难实施。特别是对那些必须由被执行人本人履行的不可替代行为，由于找不到被执行人，根本无法执行。当前，随着经济社会快速发展，人口流动日益频繁，被执行人通过隐匿行踪规避执行的现象逐渐增多。

二是直接转移、隐匿财产。有的化名存款、公款私存、多头开户；有的将房屋、车辆等不动产转移登记到亲朋好友或上级部门、下属企业名下；有的将企业的经营性资金存入专门账户；有的在公司设立后抽逃资金；有的成立多个关联公司，实行一套人马管理，资金互相流动，哪个公司有对外债务，就将其资产转移到其他公司；有的通过企业改制将优良资产从原企业剥离，另组建公司，留下负债累累的老企业应付债权人。

三是恶意处分财产。主要有三种形式：第一，无偿赠与财产。将自己名下的财产赠与亲朋好友或其他关系人。第二，低价转让财产。以明显低价将自己名下财产转让。如明知资不抵债，在企业整体出售中与资产评估机构串通，低估资产价值。第三，怠于行使债权。有的被执行人明知自己即使实现了对他人的到期债权，所收回的财产也会被当作执行标的，便放弃或怠于行使该笔债权。

四是虚构事实变相转移财产。表现为"三假"。其一，假离婚。有的债务人在拖欠债务较多的情况下，为逃避将来可能面临的执行，在债权人起诉之前或诉讼过程中，采取假离婚的形式将财产全部或大部分转移给配偶，使自己名下的财产清空或减少。其二，假破产。一些被执行人与有关部门恶意串通制造假破产案件，通过低价评估等方式，造成破产资产不足以清偿破产费用的假象，宣告破产程序终结，之后再成立新公司，搞"金蝉脱壳"，彻底逃避债务。其三，假诉讼。有的债务人与第三人恶意串通，虚构债务关系，由第三人提起诉讼，将其财产保全，要求参与分配，给执行设置障碍。

五是滥用执行救济手段。部分债务人滥用执行救济权利，动辄提出执行异议，无理也申请复议，干扰、阻碍法院实施正常的执行行为，或者与第三人恶意串通提出案外人异议，拖延执行，导致执行程序复杂化，以此达到规避执行的目的。

（二）形成原因分析

被执行人消极规避执行之所以成为一种较为普遍的社会现象，是多种原因造成的。第一，诚信观念缺失是规避执行的思想根源。我国早有“人无信不立”的古训，但在改革开放和市场经济发展过程中，一些市场主体千方百计利用制度的不完善谋求不正当利益，出现靠“钻空子”而非遵循“诚实信用”发财致富的非常规例子，助长了信用危机的发生。第二，相关信用体系还不健全，给不良动机者留下规避空间。社会信用体系和征信系统的建设虽然已经取得了进展，但实践中规避执行的手段不断翻新，加之财产形式日益多样化，还需要深入推进信用体系的健全和完善。第三，相关处罚措施的惩戒功能还有待提高。由于被执行人难找、被执行财产难寻，导致法律规定的罚款、拘留等强制措施在实施中存在困难。

（三）域外经验与作法

债务人的财产和信用状况直接关系到是否能充分实现债权人的债权。从比较法的视野看，虽然也存在由于相当一部分被执行人没有履行能力而造成执行落空的问题，但大多数有履行能力的当事人都能够自觉履行法定义务。这既有民众的法律意识普遍较强、社会信用体系比较健全的因素，也有强制执行立法层面方面的因素。通过比较，在发现被执行人财产、惩戒规避行为方面，均有值得我们借鉴之处。

第一，普遍建立债务人财产开示制度。债务人比任何人都更清楚自己的财产状况，基于这一认识，世界上多数国家和地区都规定了被执行人有财产申报义务。比如，美国几乎所有的州都规定债权人有权迫使债务人提供财产情况。《美国联邦民事诉讼证据规则》就明确规定，债权人可以“根据本规则规定的方法或根据地区法院开庭地的州的诉讼程序的惯例规定的方法，从包括判决债务人在内的任何人那里发现判决债务人的财产情况”。各州的民事诉讼规则中也都有这方面的规定，如纽约州就规定，债权人可以“迫使债务人及有关人员披露所有与实现判决相关的资料”。债权人可以向法院申请令状，要求债务人在令状规定的时间和地点接受询问，关于债务人不作为的后果是将按藐视法院处罚，如加州法院签发的令状一般会载明：“如果你没有按照令状指定的时间、地点到场，你将被拘捕，并被视为藐视法院而予以处罚，法庭还会命令你支付债权人为进行此程序而支付的合理的律师费用。”债务人即使接受询问，如果其所作的关于其财产状况的申报和陈述，一旦被事后证明不实，法院便会认定其具有逃债的主观恶意。1998 年出台的《英国民事诉讼规则》规定，债权人为了实现其债权可以向法院申请要求债务人提供相关信息的“出庭令”，债务人必须在规定的时间和地点出席询问程序、提交出庭令中要求其出示的文件并在宣誓后回答法庭的问题。如果债务人违反上述规定，则可能收到高等法院法官或巡回法官对其签发的拘留令。德国的代宣誓制度颇具特色，应该说最有代表性。在债务人不能交付判定的财产或财产不足以清偿时，或者债务人宣称自己无力清偿债务时，债权人可申请法院命令债务人到法院宣誓，债务人必须如实申报自己的财产并保证这种申报不含欺诈和隐瞒。具体来说，不仅要如实申报动产、不动产，还要申报对第三人享有债权的情况；不仅要申报即时的财产状况，还要申报宣誓之前某一段时期内的财产及变动情况，包括将某些财产作为非节日性礼物无偿给付他人的情况等等。关于债务人拒不宣誓的后果，《德国民事诉讼法》第 901 条规定：“法院依申请应命令拘留之以强制执行。”拘留的最长期限为 6 个月。在收押期间，被拘留人可以随时要求进行代宣誓，举行代宣誓之后应立即释放债务人。依据德国相关法律，如果债务人在代宣誓中弄虚作假的，将被以伪证罪追究刑事责任。韩国在 1990 年修改《韩国民事诉讼法》时，就立了被执行人财产明示制度，2002 年颁布了独立的《韩国民事执行法》，保留并完善了该制度。法院根据债权人申请，向债务人发出明示财产命令，债务人应在指定日期出席，提供财产目录，以明示自己目前拥有的财产及过去一段时间内的财产处分情况，必须进行宣誓。过去一段时间的财产处分行为主要包括：（1）明示命令送达前的 1

年内，债务人有偿转让不动产的行为；（2）明示命令送达前的 1 年内，债务人向其配偶、直系血亲及 4 代以内旁系血亲、配偶的直系血亲或兄弟姐妹有偿转让不动产之外的财产行为；（3）明示命令送达前 2 年内，债务人实施的财产上的无偿处分行为。债务人不出席明示期日、不提出财产目录或者拒绝宣誓时，法院可以处以 20 日以内的拘留。考虑到债务人明示财产状况可能会给其名誉和信誉带来不利影响，韩国特别设置了申请推延财产明示期日制度，如果债务人证明其能够在 3 个月内清偿债务，法院可以在 3 个月的范围内推延展示期日。1979 年日本颁布了独立的《日本民事执行法》，也规定了被执行人具有财产开示义务。开示义务人没有正当理由，在法院规定的日期拒绝出席、拒绝宣誓、宣誓后拒绝陈述相关情况或作虚伪陈述的，将被处以 10 万日元以下罚款。其他相关人员经法院传唤无理由不出庭，或拒绝陈述或者作虚伪陈述的，将被处以 5 万日元以下罚款。

第二，实行有关机关依职权或债权人自行调查制度。为了便于发现债务人财产线索，许多国家和地区在规定被执行人必须按要求申报财产的同时，也会赋予有关机关依职权调查的权利，或者赋予债权人自行调查债务人财产的权利。一般来说，大陆法系国家既强调被执行人的申报义务，也比较注重由执行实施组成人员依职权主动展开调查。比如，1991 年法国颁布了新的《法国民事执行法》，该部法律对 1806 年《法国民事诉讼法》创建的民事执行程序进行了根本性改革，强化了对缺乏债务人情报的债权人提供司法扶助，特别规定了检察官收集债务情报制度。检察官根据执行员的申请可以通过行政部门、社会保障机构或者债务人的雇主来查找债务人的地址和账号，甚至还可以要求警察机关与宪兵机关提供他们所掌握的情况，丰富了发现被执行人财产的手段，是执行方式方法上的创新。但是检察官收集债务人情报的范围主要限定在债务人的住处和开户银行，不得收集除此之外的其他情报。英美法系国家奉行“当事人主义”，除依债权人申请向债务人发出令状要求其提供财产情况外，一般不会主动调查被执行人财产，但从法律制度上赋予了债权人充分的自行调查权。这方面比较典型的是加拿大。在加拿大，法院没有调查债务人财产的义务，只是根据债权人的请求和提供的债务人财产资料颁发执行令，所以，债权人必须想方设法去寻找债务人的财产，提供给法院以获取执行令。债权人收集债务人财产的途径主要通过地产权益办公室、个人财产登记处和公司注册处、车辆登记处、信用机构以及其他债权人。债权人通过上述途径一般能获取较为真实的资料，一方面，取决于加拿大信用体系比较健全；另一方面，也取决于债权人的调查行为有立法保障，有关部门及个人有义务提供协助。

第三，对恶意逃债行为有一定的救济手段。针对被执行人恶意转移财产逃避执行的行为，有的国家和地区设立了相应的撤销程序，以保护债权人的合法权益，美国、加拿大和法国比较具有代表意义。

美国统一法律委员会早在1918年就制定了《美国欺诈转移财产统一法》，规定了何种行为构成欺诈性转移财产以及债权人如何救济，1984年对该法作了修订。该法第7条以例举方式将欺诈性转移界定为：具有实际阻碍、拖延或诈骗的意思所作的转移、无约因的转移、在有关合约未到期前（再核实）立刻转移全部或一大部财产，受转移人作为信托受托人取得这些财产等。该法第4条规定欺诈性转移的构成要件为：（1）转移人无清偿能力或由于转移而成为无清偿能力人；（2）缺乏公平合理的对价。对债权人来说有两种救济措施：一是提起诉讼，向法院申请撤销欺诈性转移；二是向法院申请扣押并出售该欺诈性转移财产。加拿大的债权人可以根据欺诈性财产转移法令、转让和优先权法令、破产法、公司法等法律的规定追讨被债务人恶意转移给第三人的财产。具体而言，欺诈性财产转移法令是债权人寻求补救的基本法令，适用于债务人以阻扰、拖延或欺诈的目的将其动产和其他个人财产转移给第三人的行为。转让和优先法令允许债权人对不公平的优先权提起诉讼，比如债务人选择一个债权人付清债务从而损害其他债权人利益的情形。根据破产法令，债务人在破产日前3个月内将财产不正当转移给第三人，债权人依法可以重新获得被转移的财产。法国同样有撤销债务人欺诈性法律行为的诉讼，称为“保罗诉讼”，只要债务人故意造成或加重其无清偿能力，如放弃继承，从而造成债权人损失的，债权人均可提起“保罗诉讼”，申请债务人的欺诈性财产转移行为无效，第三人应退还被转移的财产或向债权人支付损失金额。

第四，对失信者均有相应的惩戒制度。考察其他国家和地区的立法情况，发现大多对债务人不履行判决或以欺诈手段逃避债务的行为，都规定了严格的处罚措施。大陆法系国家对债务人不履行财产申报义务等妨碍执行的一般行为，主要规定了罚款和拘留措施，罚款的数额不等，拘留的时间长短也不尽相同。有的如《日本民事执行法》只规定有罚款处罚措施，没有规定可以拘留；有的如德国只规定了拘留措施，但其上限是6个月；有的如韩国既规定有罚款，也规定有拘留，拘留的上限是20天。值得一提的是，有的大陆法系国家对债务人申报财产时弄虚作假行为，规定为刑事责任。如韩国对债务人虚假申报的行为规定了非常严厉的处罚措施，《韩国民事执行法》第69条规定，债务人提出虚假财产目录，将处以三年以下的刑事处罚或最高500万韩元的罚金；债务人为法人或有代表人或管理人的非法人社团或财团的，可以对其代表人或管理人作出同样处罚。《瑞士刑法》规定，债务人未按规定披露其资产的，可处五年以下有期徒刑或罚款；对保管债务人财产或欠债务人欠款的第三人，如其违反与债务人相同的资产披露义务的，也可追究刑事责任。英美法系国家和地区对债务人不遵守法庭命令的行为，可视以藐视法庭予以处罚。美国几乎所有的州宪法都禁止以不履行债务为由监禁债务人，但许多州法律规定，为清偿对侵权行为、欺诈或者违反被信任者关系项下的义务产生的债务，仍能监禁债务人；即使在绝对禁止监禁债务人的州，对不清偿判决债务的债务人仍能适用藐视法庭制裁。因民事藐视法庭而被监禁的债务人可以通过交出财产而获得释放，因此可以形象地说，债务人“自己口袋里装着开关监狱大门的钥匙”。有一位美国法官曾深刻指出，法院有权对拒绝履行债务的人施加藐视制裁，对不遵守法院命令的债务人进行强制监禁，这不仅是为了债务而监禁，而且是因为他违反了法院命令，他的拒绝行为是反抗性的，这是对抗法院命令的权威。英国对不履行裁判义务和不遵守法院裁定的债务人的制裁措施也主要是以藐视法庭为由进行罚款和拘押。但是，法官在签发拘押令的同时，通常还会给债务人一个改过的机会，绝大多数债务人此时会选择与法院合作、遵守法院裁定，只有极少数债务人最终进了监狱。在加拿大，法院命令债务人履行判决义务而债务人拒绝履行或者在债务人企图通过欺诈或离开该法院的司法管辖权以逃避债务时，法院可以颁发监禁令。我国香港地区，法庭如认为债务人有能力履行而不履行，或转移财产逃避债务，或债务人故意不回答问题、不披露全部资产情况，则可以命令将债务人处以三个月以下监禁。

（四）基本对策

一是建立和完善社会诚信机制。完善社会信用体系是遏制规避执行行为的根本途径。首先，要深入贯彻落实社会主义核心价值观。推进建立健全以诚信原则为中心的道德体系，让全社会达成“守信光荣、失信可耻”的共识，为反规避执行营造良好的道德氛围。其次，要积极推动相关立法，规范信用信息的披露，畅通信息采集渠道，扩大信息传播范围。要加紧完善相应的金融和财产监管制度，加强对企业经营活动的监督。要积极培育信用服务市场，充分发挥社会中介机构在信息采集、信用秩序的维护、监督等方面的作用，大力推动信用服务市场的完善。最后，要从民事、经济、行政、司法等多层面构筑失信惩戒机制。从经济学角度考虑，失信行为的产生，是经济主体比较失信成本低于失信收益后的自然结果。因此，要促使行为人自觉守信，必须加大对失信行为的惩罚力度，使失信者付出应有代价。

二是及时采取保全手段掌控被执行财产。要注重财产保全特别是诉前财产保全的适用。实践中，大量的案件因未及时采取财产保全措施，导致判决、裁定、调解书生效后，被执行人的财产早已被隐藏、转移或变卖，给执行工作带来极大困难。要依法大量运用财产保全，对当事人提出的诉前财产保全申请，条件具备的应予以支持，对那些事实清楚、法律依据充分的案件，在要求申请方提供担保的条件和比例上可以适当放宽。要注重对当事人进行“风险告知”。根据案件的实际情况明确提示当事人胜诉时可能面临的执行风险，使当事人增强执行风险意识，积极主动地收集被告方的财产线索，以便及时掌控被执行财产。

三是健全被执行人财产报告制度。在案件进入执行程序后，只要被执行人在规定的时间内未履行法律义务，就要求其必须如实申报财产情况，如果其拒绝申报或虚假申报的，一经查实，将依法依规追究其法律责任，形成威慑，促使被执行人主动如实提供财产状况。

四是调动债权人提供财产线索的积极性。除了债务人本人之外，应该说只有债权人对债务人的财产状况最为关心，对债务人的调查也最有积极性。民事执行实现的债权在性质上是私权，充分调动债权人提供财产线索的积极性，既有法律依据，也有现实必要。

二、反暴力抗法

执行工作中的暴力抗法，是指被执行人、负有协助义务的单位、个人以及案外人无视法律尊严，公然以暴力、威胁或其他方法妨碍、阻止法院执行的违法犯罪活动。暴力抗法行为十分普遍，几乎没有哪个法院能够避免，成为多年来干扰法院执行工作的一大顽症，严重威胁着执行人员的人身安全，影响和制约了执行工作的正常开展，同时，也极大地损害了人民法院的权威，破坏了国家的法治形象。

（一）表现形式

一是暴力抗法的主体多元化、群体性特征明显。暴力抗法的主体包括被执行人和案外人。案外人的成分比较复杂，主要是与被执行人或被执行标的、执行标的物有一定利害关系的人，如被执行人的亲属、朋友、企业员工，也有的是与被执行案件没有任何关系的社会闲杂人员。实施暴力抗法行为的主体既可以是公民，也可以是法人或非法人组织。实践中，暴力抗法者很少单兵作战，会尽可能地调动社会资源，组织、煽动多人参与，具有鲜明的群体性特征。以被执行人与抗法者之间的相互关系为标准，可将暴力抗法的群体划分为以下几种类型：一是亲友乡邻型，与被执行人关系越密切的人，其支持抗法的力度越大，越具有自发性，此类型占抗法群体的大多数；二是共同利益型，执行标的处理对参与者有一定利害关系，出于某种担心而参与抗法；三是组织控制型，多为单位负责人幕后指挥，以经营困难、职工生活难以保障为借口，煽动本单位人员抗法；四是金钱雇佣型，被执行人雇佣民工、社会闲散人员甚至黑社会成员进行抗法；五是围观冲动型，这部分人员不明真相，容易受到被执行人的虚假煽动而参与抗法。

二是暴力抗法的手段多样，均采取暴力或以暴力相威胁。从暴力形式看，主要有五种类型：其一，主动攻击型。这是暴力抗法最直接、最基本的表现形式。显著特征是：哄闹、冲击执行现场；毁损、抢夺执行案件材料、执行公务车辆、其他执行器械、执行人员服装和执行公务证件；对执行人员或者协助执行人员进行辱骂、围攻、殴打、扣押甚至残害。其二，胡搅蛮缠型。由老年人或妇女儿童出面，采取哭闹、围堵执行人员及车辆等方式，有的甚至躺在车下，软磨硬泡，阻扰、抗拒执行。其三，恶意中伤型。行为人隐瞒事实真相，编造谎言，诬称执行人员受贿、态度粗暴、动手打人等，在执行现场大肆渲染，欺骗不明真相的群众，获取同情，挑起不满情绪，造成现场混乱。其四，暴力威胁型。表现为参与者准备了相关器械，对执行人员以暴力相威胁，如果执行人员不予妥协，抗法者极有可能因情绪激动而直接升级为主动出击，暴力一触即发。其五，自残自损型。主要表现为被执行人或其家属以自杀、自残、自辱等方式对抗执行，行为人往往是妇女、老人或体弱、病残者，容易博得不忍和同情，这种方式被称为“弱者的武器”，近年来有逐渐增多的趋势。

三是暴力抗法的突发性强，现场处置难度大。暴力抗法事件在执行过程的每一个环节，针对每一次的强制措施都有可能发生。有些看似很普通、完全有条件顺利完成执行措施的案件，也会由于外部环境和条件的某些变化，导致事件骤然发生，且速度快、势头猛，难以有效预料和防范，现场处置难度大，很多时候不得不临时中止执行行为。

（二）形成原因分析

暴力抗法不仅发生在人民法院审判和执行工作中，在其他司法机关、行政机关的执法活动中也时有发生，但相对而言，由于司法执行阶段是实现当事人利益处置的最终环节，当事人的抗法意识表现得更为充分。总的来说，执行中的暴力抗法，既有历史文化方面的根源，也有现实条件的原因；既有大环境的因素，也有执行工作性质特殊的因素。

第一，法治观念淡薄是暴力抗法行为的思想基础。历史地看，面对国家权力，要么逆来顺受，要么奋起反抗；受封建伦理规范、宗法关系的影响，许多人为了亲属和家族利益，不惜以身试法；大多数持有“法不责众”的心态，遇事不冷静，非理性情绪滋长，驱使其毫无顾忌地参与暴力抗法。

第二，片面的“民主、权利”意识，成为暴力抗法的激发因素。随着法治建设的不断推进，公民开始接受到现代民主意识、权利意识。但民主思想和权利意识的普及和深入尚需一个过程，并非短时期能实现，部分人员受法律文化水平的限制，在维护自身权利的理解方面出现偏差，在很大程度上仅仅是自己权利意识的觉醒，而忽略对他人权利的尊重，当其感到自身权利受到威胁时，缺乏正确行使权利救济的手段，在这种情况下，他们往往会采取一些过激的不合法的方式来保护自己的权利。

第三，有时法院执行行为不周全，也会成为暴力抗法的诱因。由于法院执行人员的素质存在差异，个别执行人员不注意执行工作的方式方法，行为不规范、不文明，有的甚至滥用职权，野蛮执行，容易激发矛盾，引起被执行人暴力对抗；另外，一些执行人员对国情、社情、民情意识淡薄，对执行环境缺乏判断能力，对暴力抗法苗头不能敏锐察觉，预计不足，不能有效控制局面，导致暴力抗法事件发生和发展。

第四，事后查处不力，在一定程度上助长了暴力抗法的气焰。抗法事件发生时，为了保证安全，避免事态扩大，一般对抗法者难以当场采取人身强制措施。事后由于种种原因，特别是考虑到一部分执行案件比较敏感，往往对个别带头闹事者作罚款或拘留，真正追究刑事责任的很少，有的还不了了之，导致对暴力抗法者的处理总体偏软，有迁就之嫌，起不到应有的惩罚、震慑和警示作用，反而在无形中起到了一定的助长作用。

（三）域外经验与做法

从比较法的视野看，公民普遍信仰法律，一般都会自觉服从和遵守法院判决，认为裁判是应当履行的，当事人即使是不同意裁判结果，也只会考虑通过正当程序维护自身权利，很少有人会直接对抗执行，采取暴力手段抗拒执行对常人来说是极其恶劣、不可思议的行为。法治国家的司法权威，是靠长期以来全社会无条件地遵守法院裁决而习惯形成的。在法治比较成熟的国家中，虽然暴力抗法事件很少发生，但这些法治国家也都对抗拒执行的行为规定了应对措施和较为严厉的处罚措施。比如，在德国和日本，如果执行员遇到抵抗时，有权使用武力，并有权向警察机关请求支援。在法国，执达员执行遇到阻力时不能使用武力，但可以请求市、镇长或警察局长协助，由警察或军队等公共力量采取强制措施。执达员行使职务受法律保障，抗拒、攻击或对其使用暴力构成叛逆罪，以言词或文字侮辱执达员受监禁或罚金处罚。在英国，执行官在执行过程中遇到抵抗时，可以拘留抵抗者并予以监禁；抵抗执行官的行为是构成犯罪的行为；干扰执行令状的执行官手下的官员以及拿走后者保管的货物构成藐视法院行为。

（四）基本对策

暴力抗法事件，不仅直接影响到案件的顺利执行和执行人员的人身安全，也损害了人民法院的形象和司法权威，更是社会稳定的安全隐患，必须采取有效措施坚决予以遏制。

第一，加大教育和宣传力度，消除暴力抗法的思想基础。要加强法治宣传，培养民众的法律意识，引导树立法律信仰。要在广大民众中间树立这样的理念：法院的判决必须执行，法律必须得到实施，任何抗拒法院执行的行为必将受到相应制裁。同时，要通过电视、报纸、网络等，对一些典型暴力抗法事件予以曝光，公布处理结果，对那些潜在的暴力抗法者形成一定的威慑力。

第二，公正裁判、依法执行，提高人民法院司法公信力。不可否认，极少一部分暴力抗法事件的引发，与法院裁判不公、执行行为不当有关。因此，人民法院要从公正审判做起，秉公办案，注重文书说理，为执行奠定良好的工作基础。同时，在执行工作中，也要注重工作的方式方法，坚持依法执行、文明执行。

第三，完善执行救济制度，保障被执行人异议、复议和申诉权利。要严格执行关于办理执行异议和复议案件相关司法解释，依法维护被执行人的异议、复议和申诉权。

第四，充分发挥执行指挥中心的功能。要确保执行指挥中心开通 24 小时值班电话，保持信息畅通，确保在最短的时间内能迅速出动。建立案件执行风险评估机制。“凡事预则立，不预则废”。在执行一些敏感案件时，必须事先掌握大量信息情报，经过研究预测，对案件执行可能存在的风险进行综合评估，制定一套或几套执行预案，才能有的放矢，从容应对。要加强与公安、检察等部门或机关的联系。

三、反非法干预

执行程序涉及当事人利益交割，是矛盾和利益冲突最为激烈的环节，有的被执行人为达到个人目的，不惜调动一切社会力量，干预法院的执行工作，以此对抗法院的执行工作。

（一）表现形式

一是搞地方和部门保护主义，对抗执行。执行案件不仅影响案件当事人之间的利益，有的也直接或间接影响到地方、部门的经济利益。实践中，一些地方和部门领导从本地区、本部门的局部利益出发，以发展经济、维护社会稳定为由，干预法院执行。在地方保护主义盛行的地方，甚至还以文件、会议纪要的形式对本地一些重点企业予以特殊保护，设置一些执行禁区，不仅要求当地法院不得执行，也不能协助外地法院执行。在某些特殊情况下，有的地方甚至动用公安机关的力量来阻碍异地法院执行。实践中，曾发生法院干警被公安干警追捕的闹剧，极具讽刺性。

二是超越职权性批示和打招呼，以言代法。一些地方的部分党政领导习惯于用行政的思维和办法对待法院执行工作，出于各种动机，干预执行，有时甚至直接命令执行或不去执行某个案件。近年来，出于廉政制度的考虑，某些领导过问案件已由从前的书面批示为主，逐步过渡到以口头打招呼为主的方式，更具隐蔽性。

三是滥用特殊性身份和地位，随意监督。实践中，有的利用人大代表、政协委员的身份，以履行监督职责为名干预个别案件的执行。此外，随着信息技术的推广和应用，部分被执行人利用互联网等媒体，为追求“轰动效应”或特殊利益需要，利用虚假报道或者恶意评论，严重干扰法院执行。

四是动用社会性资源和关系，影响执行。案件一旦执行，甚至有的执行案件才到承办人手中，就会有各种关系找上门，“说情”“疏通”“协调”接踵而至，干预执行，这种现象较为普遍，给执行人员造成一定的心理压力。

（二）形成原因分析

执行工作受到各种干预，有现实国情、民情等方面的诸多因素。第一，一些领导干部法治观念淡薄、大局观念片面、自律意识欠缺，习惯于批条子、打招呼、发指示，干扰执行。第二，受传统文化思想的影响，“亲情”意识浓厚，“地缘”关系复杂，无论公私事务，都要考虑“托关系、走后门”。而法院并不是真空地带，各种人情因素不可避免地要渗透到执行工作中去，这种文化氛围也使得执行工作容易受到各种社会关系的干扰。

（三）域外经验与做法

从比较法的视野看，法治比较成熟的国家，由于法治传统比较悠久，民众法治意识强，司法裁判除了在某些特殊情况下可能受法官的政治倾向等因素影响外，一般不会受到其他人为因素的干预。相对司法裁判过程而言，裁判结果的执行受到地方政府及人情干扰的因素就更小，实践中很少见到干扰法院判决执行的事例。

（四）基本对策

一是持续强化各级领导干部的法治意识和法治观念。习近平总书记指出，各级领导干部在推进依法治国方面肩负着重要责任，全面依法治国必须抓住领导干部这个“关键少数”。领导干部要做尊法学法守法用法的模范，带动全党全国一起努力，在建设中国特色社会主义法治体系、建设社会主义法治国家上不断见到新成效。要充分认识到，人民法院通过依法执行，营造公平竞争、诚实信用的投资环境，才能吸引更多的投资经营者，一个地方的经济才能加快发展，从而有助于全国经济的整体发展；人民法院的判决如果得不到执行，代表国家意志和人民根本利益的法律将被视为儿戏，只有坚决依法执行，保护合法、制裁违法，才能保障经济社会又好又快健康发展，才能有效维护社会稳定。各级领导干部只有真正认识到了依法执行对维护稳定、促进发展的重大意义，才能自觉抵制地方和部门保护主义的思潮，杜绝干预行为，支持人民法院依法执行。

二是加强监督制约，严格防范非法干预行为。要强化对干预法院执行行为的制度约束，将坚决杜绝干预执行行为作为维护国家法治统一和尊严的一项纪律来抓，纳入全面从严治党战略，一旦发现问题，严格依纪依规处理，并建立典型案例通报制度。要严格禁止法院领导和执行人员单方私下接触当事人，会见必须安排在办公场所，并有其他人员在场。要严格执行回避制度，与当事人有可能影响公正执法关系的，或因情况不明而私下见面的，要主动申请回避，对违反有关禁令者，要严肃追究责任。

三是建立健全执行工作相关机制，增强抗干扰的实效性。要依法坚持合议制和集体研究决定重大事项的制度，以分散执法风险。要推进执行工作体制创新，对一些干扰严重的执行案件，可以采取提级执行、交叉执行、指定执行、挂牌督办等形式，斩断非法干扰的链条。要敢于坚持原则，顶住压力，排除干扰，依法公正执行，对于违规干预过问案件的，严格依规做好记录，通过实际行动表明人民法院依法办事、推进基本解决执行难的勇气和决心。

四、反消极协助

“协助执行人难求”是执行难的重要表现之一。近年来，在执行工作中，负有协助义务的单位和个人拒绝协助的现象有所减少，但以各种形式消极不作为的情况仍然大量存在。

（一）表现形式

一是制造种种借口，拖延履行协助义务。有的特定部门以内部特别规定为由，有的要求执行人员另外履行相关手续，否则不予协助;有的以“账目不全”“电脑出故障”等为由表示不能即时办理冻结，拖延执行。

二是借机通风报信，帮助转移财产。有的出于地方、部门保护主义，或人情关系，或是某种利益的驱动，利用执行财产查控系统的不完备之处，借机向被执行人通风报信，为其出谋划策，迅速转移财产，打时间差，逃避执行，造成执行落空。

三是阳奉阴违，不予协助。特别是在异地执行中，请求当地有关部门予以协助时，有时这些部门表面上非常热情，但出于某种考虑，在关键问题上不肯出力，甚至偏袒被执行人一方，大讲被执行人的难处，不但不能解决问题，反而助长了被执行人抗拒执法的气焰。

（二）形成原因分析

一是相关人员法治意识淡薄。有些协助执行义务人对协助执行的法律法规知之甚少，对法院要求其依法协助的义务不理解、不配合，认为案件处理与自己无关，不愿意协助。二是地方和部门保护主义思想作祟。有些单位和个人，为了局部的、狭隘的地方和部门利益，自觉或不自觉充当了被执行人的保护伞。三是人情关系影响。协助执行人往往与被执行人具有某种特殊关系，不愿因为协助法院执行而得罪被执行人。四是对不予协助的行为处罚力度不够。难以发挥威慑作用，客观上纵容了有关单位和个人的违法行为。

（三）域外经验与做法

从比较法视野看，很多国家和地区的执行实施的职能交由法院之外的主体承担，也就不存在由法院请求有关机关协助执行的问题。具体来说，有以下几种模式：

第一，由专门的司法行政官负责执行。英美法系的美国、英国就是这种模式，法院只是签发执行令状，由设在隶属于行政或警察系统的执行官负责具体执行。在美国,州法院判决由州执行官负责,联邦法院的判决由联邦执行法官负责，这两类人都属于专门为法庭提供服务的警察。在英国，执行官由设在法院外的郡司法行政长官担任，具体执行由被称为执达员的区镇地方长官负责，具有浓厚的行政色彩。

第二，由当事人持令状要求任何机构和个人协助执行。在加拿大，法院不负责具体的执行工作，债权人将执行令直接交给相关的机构或公民，由他们按照执行令具体执行。前已述及，加拿大有一系列制度保证债权人有效发现被执行人财产。债权人根据自行调查获取的财产资料，可以有针对性地要求法院颁发执行令状，然后持执行令状到有关部门执行债务人的工资、存款、房产及其他财产。由于法院随时可以运用藐视法庭的规定，对拒不协助债权人的机构或公民进行处罚，以此可以有效保证执行的顺利进行。如银行接到法院的执行令后，必须及时扣押债务人的财产，否则会被视为藐视法庭。再如，加拿大的不列颠哥伦比亚省规定，雇主在法院对其雇员颁发了执行令后，不得解雇该雇员或给该雇员降级或终止雇佣合同，否则将对雇主处以罚款或监禁。

第三，由单独成序列的执行机构即执达员负责执行。在法国，民事强制执行权由执行法官和执达员分工行使，执行法官只负责处理执行纠纷，并不直接采取执行措施，具体执行由执达员负责。执达员不属于法院工作人员，而是法院外的助理人员身份，具有半公务性质，由当事人付报酬。执达员遇到困难时，可以要求检察院和其他社会公共力量给予协助。检察院根据执达员的申请收集相关情况，国家或地方公共团体的行政机关、公营企业、金融机构等，必须予以协助，不得以保密义务为由予以拒绝。社会公共力量单位在民事执行程序中的作用，也是协助执达员采取执行措施，例如，债务人拒绝开门时，可以请求市镇长和警察局协助，由警察或军队等公共力量采取强制开门措施。可以说，法国真正的执行机构就是执达员。

第四，由执行法院和执行官分工协助执行。在德国，民事强制执行采取执行法院和执行员各自行使执行权限的二元制方式。执行员是由州司法部长任命的独立的民事执行主体，一般负责动产查封、扣押、拍卖、交付等直接执行行为，其他类型由执行法院负责。虽然执行法院和执行员之间存在明确的分工，但二者之间还是存在相当的配合与协助。同样，在德国也存在协助执行机关实施执行的扶助执行机关。执行员必要时可以请求警察机关支援，也可以请求官厅给予援助。在日本，民事执行也是采取执行法院、执行官的二元制。执行官虽由地方法院任命，办公地点也设在地方法院内部，但其不是法院的附属机构，具有独立性。执行官负责执行简单的仅属于事实性的民事案件，其执行职务受到抵抗时，可以请求警方的援助。执行法院负责执行复杂的具有判断性的案件，需要执行官配合做一些事务性的工作，如对不动产进行调查、查封扣押、拍卖变价、保管执行物、接受付款等，从性质上说，是执行官配合法院完成执行工作。

从域外情况来看，无论采取何种强制执行权行使模式，一般都具有以下几种共同特征：一是明确债务人财产发现程序中协助义务人的存在。无论英美法系，还是大陆法系国家或地区，在规定债务人必须主动申报财产情况的同时，也规定相关单位及个人有协助提供被执行人财产情况的义务。二是执行机构在必要时可请求警察机关协助。执行机关在执行过程中，如果遇到阻力，可以要求警察机关或其他武装力量协助，保证执行工作顺利完成。三是对不予协助的行为实行严厉处罚。关于协助执行人的责任，很多国家和地区都规定了严厉的处罚措施。英国法系国家和地区视违反协助义务的行为为藐视法庭的行为，可予以收监或罚款。大陆法系国家一般采取罚款和拘留措施。

（四）基本对策

一是持续推进执行财产查控系统建设，不断优化功能。要不断扩大查控范围，建成覆盖全国所有区域及土地、房产、存款、各类金融理财产品、证券、股权、车辆等主要财产形式的查控系统；要提高查控系统使用比例，实现全国四级法院互联互通、全面应用；要不断拓展查控功能，加快开通网络冻结、扣划功能的进度，实现查冻扣功能一体化；要不断增强便捷性，将单项查询升级改造为一键式的分步查询，不断提高操作的网络化、自动化水平。

二是加大宣传力度，强化协助执行意识。要通过多种形式，深入开展支持和协助法院执行工作的宣传教育，认真学习相关法律法规，破除地方和部门保护主义思想，尊重司法权威，全力支持和协助人民法院开展执行工作。

三是将协助执行情况纳入综合治理考评内容。对不履行法律规定义务、不积极支持法院执行工作的，扣减综合目标考核分值，并依法依规追责，促使各有关成员单位自觉抵制违法行为。四是建立健全协助执行网络。要紧紧依靠党委，积极争取人大、政府的支持，建立执行联络员制度，在一些重点部门和基层组织中聘请执行联络员，发挥其“千里眼、顺风耳”的优势，支持、配合法院执行工作。

五、反非法侵占

执行程序中，有关当事人、案外人通过制造虚假的债权债务关系，企图逃避债务、侵占他人合法权益的现象屡见不鲜，既损害有关当事人和其他合法债权人的权益，又在一定程度上干扰人民法院正常的执行活动。

（一）表现形式

一是案外人伪造证据，对执行标的物主张所有权。在执行过程中，案外人以虚假的证明文件、证人证言等证据，向执行法院提出异议，对执行依据的法律文书所指定交付的特定物主张所有权。案外人既可能是单方欺诈，也可能是与被执行人串通合谋，目的是侵害合法债权人利益。

二是案外人与被执行人串通，恶意诉讼或仲裁，参与分配。被执行人串通其亲友等关系较为密切的人员，虚构债权债务关系，由案外人向人民法院起诉或申请仲裁，经调解、判决或仲裁后，取得执行依据申请参与分配，使合法债权人可能取得的清偿比例降低，利益受损。这种行为在合法债权人提起诉讼，债务人预期将败诉时就可能着手实施。

三是被执行人与部分债权人串通，损害其他债权人利益。债务人在明知其可供执行财产不足以清偿全部债务将来有可能进入破产清算程序，与部分债权人串通，在诉讼过程中故意放弃相关权利，作虚假自认，自愿承担判决的不利后果，从而扩大这部分债权人的债权额度，执行清偿时势必损害其他合法债权人的利益。

四是执行申请人弄虚作假，侵害被执行人权益。实践中，有的申请人为了达到多占有执行款物的目的，虚构有关事实，伪造相关证据，使得被执行人多承担了本不应承担的义务。

（二）形成原因分析

执行工作中之所以出现上述非法侵占他人权益的行为，与以下因素有关：第一，行为人受利益驱动，不择手段。部分人为了谋取不当利益，将道德评价、法律约束抛于脑后，不择手段，恣意妄为。第二，民事裁判制度难以有效发现欺诈行为。原、被告恶意串通，制造假证据，依照不告不理和当事人处分原则，审判时难以发现虚假行为。第三，对虚假诉讼行为的处罚力度不够。法律规定的训诫、罚款、拘留等强制措施，对行为人的威慑效应还不够，追究相应的刑事责任则又限于法定情形，实践中定罪量刑的比较少见，在一定程度上助长了违法行为的发生。

（三）域外经验与作法

比较发现，世界上许多国家和地区在立法和司法实践中，对在诉讼过程中采取欺诈手段获取不当利益的行为，是否定罪处罚亦存在较大分歧。但也有的国家，如新加坡、西班牙在这方面作了明确的定罪量刑规定。《新加坡刑法》将诉讼欺诈行为规定为“伪证或破坏公正司法罪”。《新加坡刑法典》第 208 条规定：“欺诈性地引起……法令或命令的通过，该法令或命令也为了对于起诉者而言取得不恰当的数额，或者大于该起诉者应得的数额，或给予无资格获得财产的人以任何财产或由此而产生的利息；或者是引起……对已经被履行的任何事情再被执行的，处可长至两年的有期徒刑，或处罚金，或两罚并处”，设定的具体罪名是“采用欺骗手段获得非应得数额的判决”。该法典第 209 条规定：“在法院欺诈地或不诚实地做出其明知是虚假的主张旨在伤害或惹怒任何人的，处可长至两年的有期徒刑，并处罚金”，设定的具体罪名是“采用欺骗手段或者不诚实地在法庭提出权利要求”。《西班牙刑法》将诉讼欺诈行为分别规定为侵犯财产罪和伪造罪。《西班牙刑法典》第 248 条规定，对于一般诈骗罪，处六个月以上四年以下徒刑。第 250 条第一项规定，“假借诉讼或者诉讼程序进行诈骗的”，则处一年以上六年以下徒刑，或处六个月至十二个月罚金，在起刑点和最高性上都高于一般诈骗罪。该法典还在第 393 条规定：“明知属于前面各条所包括的伪造文书，利用其提出诉讼或者利用其伤害他人的”，按照“伪造公共、官方、商业及电讯文书罪”定罪和处罚。

（四）基本对策

诉讼中的欺诈行为不仅直接侵害对方当事人或案外人的合法权益，而且严重干扰了正常的法院审判和执行工作秩序，浪费了有限的司法资源，损害了司法权威，也严重阻碍了诚信社会的构建，危害性大，必须予以有效防范和制裁。

第一，加强对有关诉讼证据的审查判断。要严格审查当事人提供的拟证明一定债权债务关系成立的有关证据，特别是在债务产生的时间、地点、原因、用途、支付方式、支付依据、基础合同以及债权人的经济状况方面要进行细致审查，增强警惕性，防止发生虚假诉讼。

第二，完善利害关系人的司法救济制度。一要建立对利害关系人的案情通报制度。在诉讼阶段能追加为第三人的要尽可能追加，使利害关系人及时参与到诉讼中来，有利于揭露虚假行为。二要畅通案外受害人的申诉渠道，依法保护其合法权益。

第三，严肃惩戒欺诈行为。对一般的欺诈行为，要依法适用训诫、罚款、拘留等强制手段追究行为人的法律责任；对那些已造成一定侵害后果、情节严重的欺诈行为，除了及时采取执行回转等救济措施外，还要依法追究其他法律责任。

第九章
强化实效保障推进解决执行难

法律的生命在于实施，裁判的价值在于执行。生效裁判的执行，是整个司法程序中的关键一环，关系到胜诉当事人合法权益的兑现，关系到经济社会发展的诚信基础。要实现基本乃至根本解决执行难的目标，人民法院应当在“实”字上做文章、下功夫，不断提高实效意识，合理确定实效标准，扎实采取管用措施，凸显执行工作水平提升的实际效果，切实增强人民群众的获得感。

一、以执行实效诠释忠诚和担当

“用两到三年时间基本解决执行难”的庄严承诺，充分体现了人民法院全体干警尤其是执行干警对党对人民对司法事业的忠诚，体现了人民法院维护法治权威、提升司法公信、保障人民权益的担当和责任。毋庸置疑，这种忠诚和担当只能也必须通过解决执行难的实际效果来诠释。

（一）实效是以习近平同志为核心的党中央对干事创业的基本要求

习近平总书记一再强调“实”和“实效”，要求“谋事要实、创业要实、做人要实”。要切实解决执行难，也落脚在一个“实”字上。要以实的态度、实的作风、实的举措，贯彻好、落实好党中央的部署，确保基本解决执行工作部署在年内取得明显实效。

（二）实效是检验执行难是否基本解决的根本标尺

执行难的基本解决必须没有水分、实实在在。但实践中，个别地方仍然存在着诸多不实的问题，比如应付走过场、阳奉阴违，弄虚作假、虚报浮夸，大而化之、原地踏步等等。这些问题无疑会阻碍执行难的基本解决。要深刻认识到：执行难的基本解决，既不是依法妥善处理现有案件就万事大吉，更不是完成规定动作就交差了事，而是要通过人民法院在规范化、信息化、效能化、职业化建设等各方面的不懈努力，深度解决产生执行难的方方面面的问题，使执行不难成为常态。因此，要沉心静气、凝心聚力，在精准施策上出实招、在奋力推进上下实功、在切实落地上见实效，取得实实在在的效果，实现从量变到质变的飞跃和提升。

（三）实效是提高人民群众获得感满意度的根本途径

人们常说，“群众的眼睛是雪亮的”“人心都有一杆秤”。执行工作做得好不好、执行难有没有基本解决，仅靠人民法院的自说自话不能算数。人民群众看不到法院的诚意，见不到法院下真功夫、硬功夫、苦功夫，感受不到能够在法院顺畅地实现合法权益，就不可能真正认同，就不会真心点赞。

（四）实效是对今后人民法院执行工作的根本定位

2016 年是基本解决执行难的开局之年，中心任务是做好顶层设计和进行部署安排。一年来，人民法院通过制定工作纲要，出台第三方评估指标体系，数次召开重要会议部署任务，基本解决执行难的“四梁八柱”已经形成。2017 年是基本解决执行难的关键之年、攻坚之年、见效之年，执行工作的重心应当从顶层设计和部署要求转变到扎实推进、精准落地和切实见效上来。

二、以务实客观的评价标准展示实效

实效的认定涉及主观客观、内容形式、过程结果等方方面面。《最高人民法院关于落实“用两到三年时间基本解决执行难问题”的工作纲要》确定了“四个基本”的标准，[①] 吸纳了八个方面 29 项措施，并委托第三方机构制定了具体的评估指标体系（总计为 300 多项指标）。之后，又将基本解决执行难的核心指标进一步明确量化为“四个 90%、一个 80%”。[②] 此外，还有最高人民法院单独对执行工作进行考核的 33 项考核指标。但是，不管考核和评价的标准如何确定，以下一些基本的比率，直接或间接地反映了执行工作的实际绩效，仍然不可忽视。要紧扣这些标准，有针对性地提高执行工作的实效。

（一）裁判自动履行率明显提升

裁判自动履行率是具有执行内容的生效裁判未申请执行数与

① “四个基本”即:（1）被执行人规避执行、抗拒执行和外界干预执行现象基本得到遏制；（2）人民法院消极执行、选择性执行、乱执行的情形基本消除；（3）无财产可供执行案件终结本次执行的程序标准和实质标准把握不严、恢复执行等相关配套机制应用不畅的问题基本解决；（4）有财产可供执行的案件在法定期内基本执行完毕。

② 是所指（1）有财产可供执行的案件在法定期限内实际执行率不低于 90%；（2）无财产可供执行案件终结率次执行程序合格率不低于 90%；（3）执行信访案件办案率不低于 90%；（4）全国达标的法院达到 90%；（5）近三年执行案件的整体执结率不低于 80%。

具有执行内容的生效裁判数的比值。当事人是否自动履行生效裁判，可以反映出生效裁判的审理效果。自动履行率高，表明当事人对生效裁判认可度高，案件审理的效果好，不需要进入执行程序。这个指标主要依靠审判部门通过提高财产保全比例、提升裁判质量、加大调解即时履行工作力度、加强拒不履行的风险提示等来提高。为此，要更加注重“审执兼顾”，互促互进。

（二）实际执行率明显提升

实际执行率是以执行完毕方式结案的案件数与执行结案数的比值。人民法院通过实际执行生效法律文书，保护当事人合法权益，维护人民法院权威和生效裁判的既判力。实际执行率高，反映人民法院执行力度大、工作到位，质量和效果好。

（三）执行标的到位率明显提升

执行标的到位率，是每个已结金钱债权案件执行到位金额除以它的申请执行标的额得到的数值的平均值，是反映生效法律文书确定债权兑现情况的基本指标。执行标的到位率高，说明金钱债权实现的程度高，合法权益受保障的情况好。

（四）终本率明显下降

终本率是以终结本次执行程序结案的案件数与执行结案数的

比值。在人民法院穷尽强制执行手段的前提下，终本率高低取决于执行人的履行能力。但实践中，终本率的高低在一定程度上反映了执行法院工作的积极性和管理的规范性。严格把握终本标准，积极穷尽各项执行措施的，往往终本率就低。终本率明显下降，并非不能终本，而是要通过规范化管理将这个数值降到合理水平。终本是司法解释明确规定的一种方式，涉及对执行难的理性认识，为此，最高人民法院专门出台了规范性文件。实践中，应当终本的要依法终本，对于应当终本而没有终本，采取变通处理的，要严肃处理。

（五）异议、复议和执行监督撤改率明显下降

撤销和改正执行行为是有关执行行为违法、错误的直接反映，一定程度上体现了执行工作的质量。撤改率的下降表明执行工作规范化水平的提高。为此，一方面，要依法严格开展异议、复议审查和执行监督工作，提高纠错能力和水平；另一方面，要下大力气规范执行程序，从源头上降低撤改率。对于违反立案登记制、通过减少立案从而降低撤改率的，要严肃处理。

（六）执行信访率明显下降

执行信访率是执行信访数与执行收案数的比值，一定程度上反映执行案件的质量和效果。信访率高，反映执行案件的效果差，当事人的满意度低。

（七）执行人员违法违纪率明显下降

近年来的司法实践表明，执行工作仍然是违法违纪现象频发的领域。如果违法违纪率没有一个明显的下降对比，即便其他方面的工作取得了良好成效，整体效果也会受到大大减损。

三、以扎实管用的举措创造实效

实效不能凭空产生，嘴说不来、坐等不至，只能由实干中取，从踏石留印、抓铁有痕的态度中来，从艰苦奋斗、攻坚克难的精神中来。

（一）向科学管理要实效

执行工作的性质和特点不仅要求强化管理，而且也为科学管理提供了极大的空间。

第一，要向目标管理要实效。为确保基本解决执行难各项工作按计划稳步快速推进，要建立工作目标任务总台账，制定工作方案，明确时间进度、责任部门和责任人，做到心中有数，确保每项任务有人盯、有人抓。要尽快实现对执行工作的单独考核。在年度考核时，不少法院用执行案件特别是终本案件“掺沙子”，导致既不能客观反映执行工作情况，也影响了执法办案工作考核的真实性，并造成整体上的数据失真。基本解决执行难要进入评估验收环节，建立对执行工作的单独考核机制刻不容缓。要高度重视评估验收工作。第三方评估机构的评估指标体系已经发布，评估工作已经提上议事日程。要认真对照指标体系，自行对2016年的执行工作进行评估，查找差距和不足，及时采取相应措施，切实补齐短板。

第二，要向规范管理要实效。2017年，最高人民法院要继续加大执行规范供给力度，切实贯彻将执行权关进“制度铁笼”的要求。按既定工作安排，最高人民法院将出台一整套以操作规程为核心、覆盖执行工作各重要节点的案件办理规范以及仲裁裁决执行、执行和解、异地执行、委托执行、公证债权文书执行等方面的司法解释和规范性文件，并对现有的司法解释、规范性文件进行清理，进一步提高执行规范体系的系统性和科学性。规范管理不只是最高人民法院的工作，最高人民法院只能制定全国通行的规范，解决一般性的问题。各地法院应当结合自身实际，针对突出问题，制定当地的管理规定，出台相应细则。同时，也要狠抓司法解释和规范性文件的贯彻落实，确保规范管理取得实效。

第三，要向风险管理要实效。要以高度的忧患意识，切实增强工作的预见性和前瞻性，未雨绸缪，防患未然。要对人民法院解决执行难过程中可能遇到的风险挑战主动作出预测，摸准当前执行工作的苗头隐患，提前采取应对措施。尤其要做好以下几个方面的风险防范：一是信用惩戒。信用惩戒威慑力大，为社会所广泛关注，但任何一个不规范操作或者工作失误，都可能造成负面舆情，产生恶劣影响。因此，务必加强日常工作管理，确保信息填写准确、纳入严格依法。二是查控系统。查控涉及公民基本权利的保护，非常敏感，一旦出现违规操作，将使查控系统遭遇全社会的反对。对此，人民法院要高度重视，对违规行为加大追责力度，对查实的违规行为从严处理。三是款物管理。人民法院要认真贯彻落实最高人民法院修订出台的新的款物管理办法，尤其要建立“一案一账号”管理制度，对执行款进行归集管理，确保款物的规范管理和案款的及时发放。此外，要谨防发生被执行人伤亡等突发事件。要认真排查，发现存在不稳定苗头及倾向的，及时采取有效措施予以控制和化解。对执行情况复杂、对抗情绪大、可能发生突发事件的案件，在强制执行前必须做好执行预案。同时，也要提升处置突发事件的能力和水平。

第四，要向统一管理要实效。执行指挥中心是新形势下强化“三统一”执行工作管理体制的基本依托，代表着执行管理的发展方向和现代化水平，必须进一步做强做实，切实发挥其监管作用。要把执行指挥中心建设成为执行工作的信息交换中心、指挥调度中心和决策分析中心，建设成网络化执行办案平台、公开平台和案件流程节点管理平台，真正实现全国四级法院“一盘棋”。

人民法院要及时组织学习相关监管督办功能软件的使用，加强各级执行指挥中心对管辖范围内案件的督办工作，尽快探索建立一套四级法院统一的督办标准。另外，按照《中共中央办公厅、国务院办公厅关于加快推进失信被执行人信用监督、警示和惩戒机制建设的意见》(以下简称“两办”《意见》),最高人民法院及各高、中级人民法院、有条件的基层人民法院要建立执行指挥中心。据此，最高人民法院已经将加挂牌子的执行指挥中心建成实体机构，设置执行指挥调度室、执行指挥管理室和执行指挥信息室并核定了编制和领导职数。各级人民法院要按照“两办”《意见》的要求，参照最高人民法院的做法，结合各级法院职能要求和执行实际，尽快设立执行指挥中心并建成实体机构，配齐配强专职工作人员。

（二）向以信息化为核心的执行装备现代化要实效

近些年执行工作的跨越式发展，在很大程度上受益于与信息技术的深度融合，得益于执行装备的现代化。人民法院要认真总结经验，加快执行信息化的步伐。

第一，财产查控方面。要进一步完善对存款、金融理财资产等的查询、冻结功能。目前，个别地区地方性银行的网络查询、冻结功能尚未上线，相关高级人民法院要加强沟通协调力度，一把手要高度关注、主动过问，必要时要亲自出面，帮助解决实际困难，确保尽快全部上线网络查询和冻结功能。要进一步完善对不动产的查控功能。目前，房地产登记信息还没有实现全国联网，不能实现“总对总”网络对接。各级人民法院要充分发挥主动性能动性，率先完成本地的对接工作。实践表明，债务人的不动产主要在本地，本地实现对接，有助于解决大问题。最高人民法院与国土资源部已经下发了《关于推进信息共享和网络执行查询机制建设的意见》，并明确要求直辖市、省会城市和部分沿海、旅游城市尽快实现不动产“点对总”的网络查控。目前，部分省市的不动产查询系统已在测试中，还有部分省市尚未进入研发阶段。各高级人民法院及相关中级人民法院要切实重视不动产查控系统建设，尽快完成这项工作。

第二，财产处置方面。要积极运用现代科技手段，提高财产处置效率。各级人民法院要贯彻落实好网络司法拍卖司法解释和相关通知要求，切实解决部分法院运用网拍率不高、适用不规范等问题。要坚持网络司法拍卖优先的原则和由执行局负责网拍工作的分工，严格落实网络服务提供者名单库制度，切实保障申请执行人选择平台的权利，不可再与名单库外的其他网站合作开展网拍工作。要提升“网拍”工作相关服务保障能力，完善制度机制，使新制度切实发挥出应有效能。

第三，执行监督方面。要进一步强化执法记录仪的全面规范应用。各级人民法院要将有关通知的各项要求真正落到实处，在现场执行时，务必佩戴使用执法记录仪，并确保执法记录仪的全面、规范应用，提高执行工作的透明度和司法公信力。对于当事人反映执行人员现场执法违法违纪而执法记录仪没有完整记录的，执行人员要承担相应的不利后果。

（三）向机制建设要实效

体系完备、运行顺畅的执行体制，是执行工作取得实效的重要保障。

第一，既要重视强制执行手段的运用，也要重视建立有利于促进债务人自动履行的机制。俗话说，“一人藏得巧，千人难寻找”。债务人如果玩“躲猫猫”，法院花再大努力和成本，往往也是事倍功半。因此，要在建立健全促进债务人自动履行机制建设方面狠下功夫。被执行人财产报告制度是《民事诉讼法》规定的一项重要的财产调查制度，要依法用足用好。关于民事执行中财产调查的司法解释中，有关财产报告方面的条款，着重解决实践中当事人拒不申报、虚假申报以及执行法院处罚不力等方面的问题。要认真贯彻执行，充分利用网络执行查控系统等信息化手段调查核实被执行人的报告情况，切实发挥制度效用。要建立正向激励机制。例如对积极履行债务的，执行法院可以在计算迟延履行金、违约金、利息等方面在法律规定的幅度内给予考虑，以示鼓励。要加大对规避行为的惩戒力度。要支持债权人运用代位权、撤销权诉讼等方式进行救济。对查实的规避行为，要用好用足罚款、拘留、限制出境、限制高消费、纳入失信被执行人名单和追究刑责等强制手段。

第二，既要重视反消极执行机制建设，又要重视反乱执行机制建设。实践中，相当一部分执行申诉信访是反映消极执行问题，主要集中在应保全而不保全、应处置而不及时处置以及不及时发放兑现执行款物等方面。要将反消极执行放到更加突出的位置，旗帜鲜明地向社会表明态度，真正赢得人民群众的信任和支持。此外，执行申诉信访反映的超标的查封、违法变更追加、利息计算不当、评估拍卖价格过低等乱执行问题，不仅与申请执行人利害相关，还可能涉及被执行人和其他社会主体的合法权益，更具危害性。此类情况较之消极执行虽然比例要少，但一经披露，就会带来严重的负面影响。而且乱执行问题往往隐含着司法不廉等问题，更容易引起社会舆论的广泛关注，处理不好就会对人民法院的形象造成极大损害，给人民群众造成重大损失，也易导致工作极度被动。因此，治理消极执行和治理乱执行必须坚持两手抓，两手都要硬，关键要充分运用执行指挥中心的信息化手段，对消极执行、乱执行进行专项督办和考核。

第三，既要重视现代化执行手段的全面运用，也要重视行之有效的传统执行手段的承续优化。比如推行网络查控后，财产查控的便捷性、高效性大大提升，但也不能因此忽视和抛弃行之有效的传统查控手段。实践中，有的被执行人规避执行手段翻新，想方设法将财产藏匿于网络查控覆盖范围之外，导致能够通过网络查控的财产比例呈下降趋势。因此，要将现代化执行手段与有效的传统手段相结合，不能“喜新厌旧”光徒省力“单打一”，完全把查控财产的希望寄托在网络查控上。

（四）向改革创新要实效

改革创新是执行工作前进发展的不竭动力。

第一，要创新执行理念。产权制度是社会主义市场经济的基石，保护产权是坚持社会主义基本经济制度的必然要求。各级法院在强调依法执行的同时，要牢固树立公正执行、善意执行、文明执行的理念，严格贯彻落实《中共中央、国务院关于完善产权保护制度依法保护产权的意见》和《最高人民法院关于在执行工作中规范执行行为切实保护各方当事人财产权益的通知》，确保党中央精神在执行领域落到实处。

第二，要创新执行体制。对体制机制存在的问题，不改革不行，改革慢了也不行。实践中，有的法院主动作为，在执行改革中敢闯敢试，积累了很多有益经验，也有的法院认为执行体制改革是属于顶层设计范围，存在“等靠要”惯性思维。因此，关键还是要看有没有自我革命精神，有没有改革创新的勇气和意识，是不是敢于担当改革促进派和实干家。部分没有设立专门的执行裁判庭的法院，要尽快采取行动，确保审判、执行基本职能分离。

第三，要创新资源配置模式。实践表明，在审判资源配置模式方面推进改革创新大有可为。资源配置科学合理，就能发挥出1+1大于2的效果。要探索健全分案机制，通过繁简分流缓解人案矛盾。要在承办人负责制的基础上分解工作环节，将一些专业性、技术性比较强的工作（比如评估拍卖）交给有相应专长的人员办理。要积极建立以法官为主导的执行团队模式，让法官与法官助理、司法警察、书记员等司法辅助人员组成团队，各司其职、集约办公，进一步优化人力资源配置，积极应对法官员额制改革带来的挑战。要加强执行工作的警务保障，鼓励部分执行实施人员自愿转为司法警察，坚持“编队管理、派驻使用”原则，让更多司法警察参与执行工作，优化执行队伍结构。

第四，要创新执行手段方式。执行实践丰富多彩，案件情况千变万化，在执行手段方式方面，还有很大的创新余地和空间，比如被执行人和财产查找方式、反规避执行方式、财产处置方式、执行矛盾和冲突化解方式、财产变现方式等等。关键是要在坚持法律底线的前提下，解放思想，大胆创新，积极搭建鼓励创新的平台，形成长效机制。

（五）向专项行动要实效

专项行动虽主在治标，但可以为治本赢得时间、积累经验，是推动治本工作的有效手段。近些年，人民法院开展涉党政机关执行积案清理活动、涉民生执行集中行动、反规避专项行动、执行案款清理活动等专项行动取得了明显成效。各级法院要根据本地实际情况和突出问题，有针对性地做好谋划部署和切实推进。按照最高人民法院统一部署，重点要开展规范执行行为的专项整治活动，着力整饬队伍，解决“灯下黑”问题。各级人民法院要以《最高人民法院工作纲要》确定的目标和任务，对照第三方评估机构发布的评估指标体系，查找人民群众反映强烈的消极执行、拖延执行、选择执行、乱执行等失范执行、违法执行问题，查找严重影响人民法院执行工作形象的“门难进、脸难看、事难办”的作风问题，查找严重损害司法公信力的“人情案、关系案、金钱案”的问题。通过查摆和整改问题，纠正一批失范执行、违法执行的行为，化解一批信访案件，通报一批存在严重失范执行、违法执行的人员和法院，堵上制度性风险漏洞，并建立起反消极执行和反乱执行、涉党政机关等特别案件执行、执行纠错等长效机制。为确保专项整治活动取得预期效果，要辅之以几项有力的配套措施：一是明确执行干警的若干禁令，划出红线、明确底线。二是以申诉信访案件为抓手，对申诉信访中反映出来的问题“一案双查”，既查执行案件的问题，同时，也查执行干警的违纪违法问题，适时组成巡查组开展联合巡查。三是充分运用执行约谈等手段，使“咬耳扯袖、红脸出汗”成为常态。四是建立向所在法院党组定期通报执行工作的机制，将执行工作开展情况作为有关干部考核、奖惩、晋升的重要依据。

（六）向素质能力要实效

打赢解决执行难这场硬仗，建设一支素质能力过硬的执行队伍是关键、是保障。要坚定不移推进过硬队伍建设，努力造就一支信念坚定、执法为民、敢于担当、清正廉洁的执行队伍。

第一，要加强执行队伍的思想政治建设。广大执行干警要深刻领会、全面贯彻习近平新时代中国特色社会主义思想，牢固树立政治意识、大局意识、核心意识、看齐意识，向党中央看齐，坚持从政治上考量、在大局下行动。牢牢抓住思想建设这个根本，筑牢信仰之基、补足精神之钙、把稳思想之舵，永葆忠诚可靠的政治本色。

第二，要加强执行队伍的组织建设。在不低于15%的比例要求的基础上，合理确定和配备从事执行工作的人员比例。同时，要坚决避免为了达标而凑数的做法。要积极稳妥推进员额制改革，保证队伍稳定。执行机构法官入额问题，会影响执行队伍稳定和执行难的解决，要按照最高人民法院的部署安排，不折不扣地确保执行机构法官入额。

第三，要加强执行队伍的能力建设。近年来，司法解释密集出台，信息技术深度应用。这些制度程序和技术技能，都与基本解决执行难这项中心工作密切相关，亟待学习掌握。各级法院要注重执行干警专业能力的培养，抓好教育培训工作，相关领导要以身作则，以上率下，培养良好学风，营造学习氛围，切实提高队伍的法律适用能力和信息技术应用能力。

第四，要加强执行队伍的廉政和作风建设。各级法院要结合最高人民法院组织开展的专项整治活动和专项巡查，通过明察暗访等各种方式，及时发现和查纠在少数干警中存在的“冷硬横推”“吃拿卡要”等“衙门”作风，及时发现和处理执行不廉、执行不规范等方面的问题。要认真抓好中央“八项规定”和反对“四风”等各项要求的落实，对不符合规定的行为和现象要及时责令整改，对情节严重的要严肃处理并予以通报。

（七）向内外联动要实效

攻克执行难是一项综合性、系统性极强的工作，必须进一步凝聚各方力量。

第一，要进一步巩固和完善综合治理解决执行难的工作格局。要始终坚持系统思维和全局观念，紧紧依靠党的领导，充分发挥制度优势，积极调动全社会力量，努力构建综合治理执行难工作格局，形成内外联动的强大合力。实践中，有些地方在这方面勇于探索、积极推动，取得了显著成效。但全国还有不少地方未建立起综合治理格局，表现在省（自治区、直辖市）委、人大等部门没有出台支持解决执行难的文件，相关的协调机构没有搭建起来或者虽然建立了协调机构但运作不畅等方面。暂时“掉队”的地方，要见贤思齐，主动作为，注重借鉴经验，发挥后发优势，把这项工作抓好抓实。

第二，要抓好联合惩戒工作。要切实强化与联合惩戒单位的配合。“两办”文件规定了 11 类 100 多项惩戒措施，为联合惩戒提供了基本依据。关键是要推动联合惩戒单位将失信被执行人名单信息嵌入本部门的管理、审批、工作系统中，实现在管理、审批、工作程序中，对失信被执行人名单信息进行自动比对、自动拦截、自动监督、自动惩戒。为此，相关信息数据集中到哪个层级，哪一级法院就要负责协调推动同级相关部门单位，做好失信名单的推送和上述文件的落地工作。各级法院要勇于担当，主动作为，结合实际情况，确定与当地相关部门联合信用惩戒的重点内容和工作计划，逐级报上级法院备案，并积极推进实施。要推动完善部际联席机制，协调有关部门对联合惩戒工作经常开展评估，激励联动单位积极作为，充分发挥作用。

第三，要进一步完善立审执协调配合机制。一是在立案阶段，加强案件信息录入，告知当事人执行风险，提示当事人及时申请保全、先予执行，为案件的后续审理和执行打好基础。个别法院的先进做法值得学习借鉴，比如在立案大厅开展一站式的服务保障等。二是在审判阶段，制作裁判文书时，做到主文明确具体，可操作性强，力戒语句模糊、表述歧义。同时，对调解结案的，审判人员要督促义务人及时履行义务。三是在执行阶段，执行部门发现执行依据不明确的，要及时向审判部门征询意见，审判部门要及时作出说明，确保执行的准确性，避免相互推诿久拖不结。四是财产保全程序中，要明确案件在各部门间移送的规程，做到各部门分工协作、各司其职，保障保全案件及时移转和实施。五是要加强执行转破产的衔接工作。各级人民法院执行部门和审判部门要加强协作，贯彻落实好文件精神，依法受理破产案件，使被执行人为企业的“执行不能”案件通过破产清算而彻底退出执行程序。

（八）向理性宣传要实效

在基本解决执行难的关键阶段，更要积极、妥善做好宣传，为执行工作营造有利环境。

第一，要加强正反两方面宣传。大力宣传执行工作取得的新成效，宣传解决执行难过程中涌现出的典型人物、典型案例，以形成解决执行难的良好氛围。要大力宣传积极履行执行义务尤其是克服困难履行、家人帮助履行等方面的正面典型，大力宣传规避执行“老赖”承担不利后果等方面的反面典型，着力营造守法光荣、违法可耻，主动履行光荣、规避拖延执行可耻的社会氛围。

第二，要引导社会正确认识执行难。厘清“执行不力”与“执行不能”的界限，加大宣传力度，向社会说明情况，让人民群众充分了解执行工作面临的客观现实，搞清楚哪些是法院职责所在，哪些是市场风险、法律风险导致的“执行不能”问题，增强防范风险的意识和能力，引导公民尊法学法守法用法，推动从源头上解决执行难问题。

第三，要切实做好重大敏感执行案件的舆论引导工作。认真贯彻落实依法处理、舆论引导、社会面管控的“三同步”原则，认真研究可能出现什么反应、引发什么问题，有针对性地制定舆论引导方案，适时发布信息，回应公众关切。要加强舆情管控，及时妥善应对负面舆情。对于为了个人私利故意制造舆论事件，对执行工作恶意施压、“围攻”的，要依法予以严肃处理。